20 世纪中国图书馆学文库·12

图书编目法

何多源 编著

圙 國家圖書館出版社

本书据广州大学图书馆 1933 年 11 月版排印

序

　　十九年秋，广州市立职业学校有图书管理科之设，不佞谬膺图书编目法之讲席。此科当时国内尚无完善之专书以为教本之用，迫得本历年来在中山大学图书馆编目之经验，并参考国内外图书编目法之专著，以从事讲义之编纂。其后广州大学教育系，又以图书馆学一科相属，乃略增修之，以为该科之参考书。是书也！原不敢刊印以问世，只以国内此类专书，尚属缺乏，而欲我国图书馆事业之发达，又有赖于图书馆学著述之编译印行。于是顿忘其固陋，分期发表于广州大学图书馆季刊之中。兹者经已刊登完竣，乃汇钉成册，藉以就正于海内专家。

何多源序于广州岭南大学图书馆

中华民国二十二年十一月

凡　　例

（一）本书共分七章：首章为总论，详论目录之种类，写法，及形式；第二章为编目规则，各条规则，多有举例；第三章为编目方法，对于编目手续，叙述颇详；第四章为目录排叠法；第五章为杂志报纸编目法，关于杂志报纸之登记，及索引编制法，虽不属编目法范围，亦略为述及；第六章为编目工具；第七章为中国图书目录史，略述中国历代编制目录之史实。

（二）本书只注重中文编目法，西文目录卡之格式及西文目录排叠法亦略有载述，关于西文部分，以其论述过简，再版时，拟将其删去。

（三）本书附有标题表，此表系属试编，未善之处知所难免，尚希明达指正之。

目　　录

第一章　总　　论

第一节　导　　言

凡新式之图书馆,必须编有完善之目录,诚以藏书浩繁,杂陈架上,而无目录以备检查,则阅者欲从此巨量书籍中找寻其所需要之某书,必不可得。同时馆中收藏之内容,即馆中人亦属茫然不知,对于选购书籍,殊不方便,是故图书馆之目录,犹宝库之匙钥也。美国国会图书馆藏书数百万,读者只费数分钟之时间,即可借得书籍外出,是何其神速耶? 实赖有完善目录以致之也。王云五先生在美国国会图书馆于十天内读书千余册,其看书所以能如是迅速,虽由于外国书籍每书均有索引,然亦多赖美国国会图书馆目录编制巧妙,便于搜集书籍也。准是以言,则图书馆固为研究学术之机关,而目录实为研究学问之工具,找寻材料之南针,故图书馆之能否活用,实视目录编制能否完备以为断。如古代藏书楼,何尝有不编目录,而找书者殊感困难,而外国图书馆编有目录者,只须读者知目录检查方法,即可在目录中,找寻其所需要之书籍,并能尽量供给之以散见其他书籍之参考材料,其效用之悬殊,相隔何啻天壤。同是编目,而编目之方法不同,则效果大异,此编目法之所以成为图书馆学中之重要科目,而为从事图书馆事业者不可不研究之问题也。

吾人办理图书馆应以读者为对象,故编制目录,须以利便读者搜集书籍为前提,以增加书籍之效用为鹄的。因而所编之目录,必须能解答读者下列之问题,方称完备。

1. 馆中有无某书?

2. 馆中有无某人所著之书或某机关所编之刊物?

3. 馆中有无某人所译之某书?

4. 馆中有无某类书籍?

5. 馆中有无对于某问题之参考材料?

6. 某丛书之内容如何?

7. 某种书籍馆中究有若干?

8. 某西文书,馆中有无译本?

欲解答上列问题,须编有下列各种目录:

1. 书名目录。

2. 著者目录,或编者目录。

3. 译者目录。

4. 标题目录。

5. 丛书分析目录。

6. 书架目录。

7. 原文书名目录及原文著者目录。

第二节　目录之形式

未编制目录之前,首须决定者,厥为目录应采用何种形式,目录之形式有二:

书本式　此式为我国藏书家所习用,今之图书馆,亦有用之。其式如下:

中日文图书目录
民国十八年

一画　横起

著者	书名	或类名等	发行所	册数	书码
一九一七年（フロ√タマ革命）					
佐野学　译				一	393.434/89 - /4
一九二六年之广州工潮　邓中夏				一	857.2/645
一九二六年英国炭坑争议ノ终结					
中込本治郎　编				一	331.93/39 - 11
一九二六年英国炭坑争议ノ经过					
中込本治郎　编				一	331.93/39
一九二五年二于ケル各国劳动界ノ情					
势　长江保太郎				一	331.91/208 - 1
一夫一妇力自由恋爱力　仓田百三				一	394.3/390
一仇三怨　沙斯惠夫人　商务印书馆编译所　译				一	817/841/20
一户直藏　天文学六讲			大镫阁	一	520.4/931
一户直藏　译　马克斯卫尔　物理学原论　大镫阁				一	530.1/1
一生　草泊桑　徐蔚南　译				二	847/393
一老人ノ幼时ノ追忆ノ　キヱーゲ					
ル△ン田中耕太郎等　译				一	853/936
一年来之南京特别市教育　南京特别市市政					
府教育局编辑委员　编				一	209.2.101/869
一朵朵玫瑰　邵洵美				一	812/225
一步八前へ二步八后へ　山内封介				一	393.434/12
一粿缘　孛来姆　商务印书馆编译所　译				一	817/811/29
一家言　病夫编				一	810.4/971

上列之书本式，其优点有三：

（a）印刷成书之后，可分发各处，使阅者未到图书馆亦能知其内容，藉引起其读书之兴趣，俾作图书馆广告之用。

3

（b） 现在社会,人事匆忙,许多无时间来馆阅书之人,亦可依据此书本目录,选定其所需之书籍,托人借出阅览。

（c） 古今中外新旧出版之图书,浩如烟海,繁若列星,无论若何伟大之图书馆,不能尽量搜藏,一无遗漏。自有书本目录后,可以互知有无,彼此借阅。

然书本式之缺点亦有四:

（a） 图书馆之书籍,日有加增;而编印目录,需时半载。在此时期新增图书,不能编入目录。于是科学书籍,及有时间性之图书,未免失其时效。

（b） 随时增订目录,所需印刷费甚大。

（c） 阅者检阅某书,须翻阅全数目录,时间上殊不经济。

（d） 书本式目录,发见错误时,不能随时改正;图书遗失时,不易将该书之目录删去。

2.卡片式 此种目录,以纸片编制。现在图书馆均采用之,其式如下:

（一）西文目录用

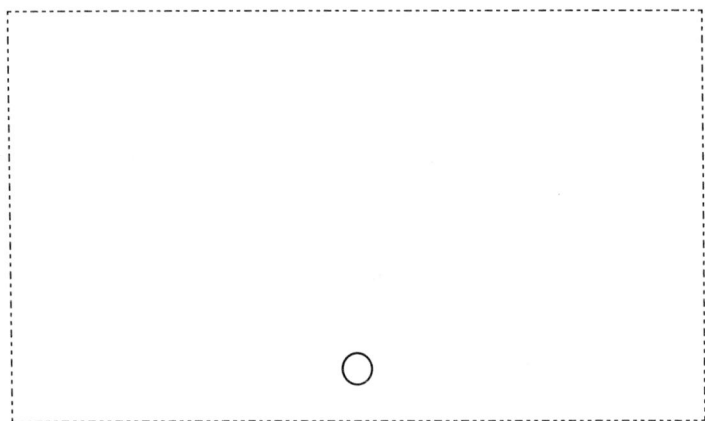

(二)中文目录用

上列卡片式之优点有五：
（a）　新增书籍,可以随时加入。
（b）　目录发见错误,须改编时,可以随时修改。
（c）　便于排列。
（d）　某书遗失时,可将该书之卡片随时抽去。
（e）　编目人员与阅者在时间与经济上均甚利便。
然卡片之缺点亦有二：
（a）　不能携出馆外,以供阅览。
（b）　稍欠检点,易于杂乱或遗失。
综上所述二式,各有利弊,在经济充裕之图书馆,可二者兼备。若采用其中之一式者,则以卡片为尚矣。
此种卡片目录,在十八世纪时期,始发见于法国。但十九世纪,乃见推行。今则世界各图书馆与商店,靡不采用。即向来刊印书本目录者,亦皆二者兼备焉。

第三节　目录之种类及其写法

目录之种类有九：

（一）著者目录

（二）译者目录

（三）书名目录

（四）标题目录

（五）注释者目录

（六）书架目录

（七）丛书目录

（八）分析目录

（九）参考目录

（一）（二）（五）三种目录，可合称为人名目录。

兹将各种目录写法，分述如下：

（一）著者目录写法

以著者姓名写在目录卡第一行著者线内者为著者目录。其应载之事项如下：

（1）书码　以打字机打于卡片左边之角上，上者为分类号码，下者为著者号码，其用处在指明某书放在书架上之位置，所以知此书码，即可找得此书。

<table>
<tr><td>837
W67</td><td></td><td></td></tr>
</table>

（2）著者项 即著者姓名时代与注释者,翻译者,章句者,评点者等。著者写于卡片上第一行第一直线内,但注者,译者等,则写在书名后。式如下图。

<table>
<tr><td>837
W67</td><td>王</td><td>尔德(英)</td></tr>
</table>

（3）书名项 即书名及卷数（新籍无卷数者缺）等,其位置在第二行第二直线内,如一行不够,第二行由第一直线起写,其式如下:

387	王	尔德(英)
W67		狱　中　记

（4）出版事项（Imprint）。此项包含：

a. 版次　随书名后，隔一字地位续写下去，如写至一行之末，仍未写完，则由次行第一直线起写。但初版者，可略而不写。

b. 出版地　随版次后，隔一字地位续写下去。如无版次一项，则随书名之后。若一行不够，由次行第一直线起写。

c. 发行所　随出版地后，隔一字地位续写下去，如一行不够，由次行第一直线写起。

d. 发行日期　随发行所后，隔一字地位续写，先年份再空一格写月份，一行不够，由次行第一直线起写。

e. 版刻　古书最重版本，故版刻须详为注明。其位置写在发行所之后。如"上海商务据涵芬楼本影印"是。

837	王	尔德(英)
W67 上		狱 中 记　汪 馥 泉　等 译　二 版上 海 商 务　　十 三 年 二 月

〇

823.03	李	商隐(唐)
151 据 本		李 义 山 文 集　　五 卷 上 海 商 务常 熟 瞿 氏 铁 琴 铜 剑 楼 藏 旧 钞影 印

〇

写出版事项时须注意下列各点：

1. 出版年须用帝王年号年数,并冠以朝代之名,但民国则只写年数即可,如"清道光二年""十九年"。

2. 如一书包含有几册而每册出版年份不同者,须分别写明。如"第一册十一年,第二册十五年"。

3. 如无出版年,则以注册年代,若连注册年均无,则以序跋之年代,但须在年代后,注明序或跋字,如"明万历元年序"。

4. 出版地如不著名者,须加国名省名于其前,如"广东清远。"

9

5. 如无发行所,则写代售处。

6. 发行所系属著名之书局,则将书局二字略去。如"商务""开明"。

7. 新书均属铅印,故无须注明铅印本字样,但旧籍则版本之种类甚多。有"手抄本","铅印本","木刻本","石印本","影印本"等,故须注明。

8. 旧籍之目录卡片,关于出版事项一栏,与新书目录之写法,微有不同。

(5)印刷事项(Collation)包含册数,页数,图画,地图,装钉,及大小各项,其用处在使一般读者知此书有无图表以作参考之用,至卡上注明书之页数大小,所以使读者大概知道此书之范围。至其位置,则在出版事项后,空一格写起,如一行不够则由次行第一直线写起。若不及详编此项者,可仅列册数于出版事项之后,但一册者可从略。如二册以上,则不用注明页数。

837	王	尔德(英)
W67	上 装	狱中记　　汪馥泉　　等译　　二版海　商　务　　十三年二月平200 页

(6)丛书名　丛书名如文学周报社丛书,四部备要,图书馆学丛书等是,在印刷事项下一行第二直线起写,写后以括弧括之。式如下图:

837 W67	王 上 2	尔德(英) 狱 中 记　　汪 馥 泉　　等 译　　二　版 海　　商 务　　十 三 年　　二 月　　平 装 0　0　页 （文 学 研 究 会 丛 书） ○

(7)细目　书籍内容复杂而书名不足以括之者,须用细目,其位置写在丛书名下一行,如无丛书名,则写在印刷事项下一行,如细目多者,一卡不够写可加用卡片数张,所加之卡,只载书码,书名,细目等。并于右角上注明第几卡,其格式如下:

393.099 935	生 本 五	田 长 江 与 本 间 久 雄 （ 日 ） 社 会 改 造 之 八 大 思 想 家　　林 　　等 译　　五 版　　上 海　　商 务 十 年　　二 月　　平 装　　1 8 9 页 （新 智 识 丛 书） 细目： 　马 克 斯 ○

393.099		社会改造之八大思想家　　　　第二卡
935		克鲁泡特金 罗素 托尔斯泰 莫理斯 卡盆特 易卜生 爱伦凯 　　　　○

如细目太多则可不写在著者卡内,只写于书名卡内即可,因此项细目与书名比较有关系也。如著者卡不载细目时,须注明"细目:见书名卡"字样,式如下图:

393.099	生	田长江与本间久雄(日)
935	本 五	社 会 改 造 之 八 大 思 想 家　　　林 等 译　　五 版　　上 海　　商 务　　十 年　　二 月　　平 装　　１８９ 页 (新 智 识 丛 书) 细 目 见 书 名 卡 　　　　○

(8)附注　附注所以记载以上各项未尽之事项,如某书与某书合钉本,或译本之原著者西文名,及原书名;或原书所题之书名与本馆所用之书名不同时,可加附注,如水浒一书,应注"原书题一百二十回的水浒"等字样,式如下图:

837	王	尔德(英)
W67	上	狱中记　汪馥泉　等译　二版上海商务十三年二月平装２００页 （文学研究会丛书） 原著者：Wilde, Oscar. 原书名：De profoundis. 〇

（二）

082	施	耐庵(元)
21 841	二	水浒　上海　商务　十九年十册 （万有文库） 原书题"一百二十回的水浒" 〇

　（9）索引　书之标题,特别书名,以及分析目录,均须注明著者卡后面,以使将来该书改编或删改时,抽回该书各种目录之根据。其式如下：

英国小说

○

社会学
篇名分析卡十张

○

　　至西文著者卡则须用打字机打于全白卡片上,如无打字机,则手写亦可,但字须正楷,以便检阅,其应载之事项与格式分列如下:

　　1. 书码　写于左上角。

　　2. 著者及时代　离上边一行左边六个字位(Space)写起。西人姓名,在目录上,以姓为主,所以写 William Shakespeare 著者卡时,须先写 Shakespeare,然后以逗点(,)隔开,再写 William,因 Shakespeare 乃彼之姓,而 William 乃彼之名也。写著者后,再以(,)隔开,写该著者生卒年份。

3.书名　于著者下一行,缩入两个字位起写一行不够,缩写在次行,但须移出两个字位。

4.著者　书名之后,以逗点隔开,再写著者姓名,(先名后姓)再加支点(.)。

5.版次

6.出版地　空一个字位,然后写出版地,再加逗点。

7.发行所

8.出版年

9.页数　在出版年下一行缩入二格起写。如二册以上,则不用写页数,只写册数而已。

10.图表　如该书有附图,则注明页数之后。

11.索引　索引写在图表项下三行。

兹将著者及编者卡之格式列下:

著者卡(author Card)

HB251

C25　　Campbell, Clarence Gordon, 1868.

　　　　　Common wealth; a study in social philosophy, by C. G.

Campbell. New York, London, The Century Co. , 1925.

　　　　xii. 472. p.

　　1.　Wealth.　　2.　Fconomics.　　I.　Title.

○

编者卡(Editor Card)

```
PN58
S63    Sokolsky, George E. , ed.
           American university club of China, ed. by G. E.
       Sokolsky. Shanghai, Commercial press, ltd. ,1922.
           iv. 90p.




                        ○
```

(二)译者目录写法

以译者姓名写在目录第一行第二直线内者为译者目录,其应载之事项如下:

1. 书码:写在卡左上角。

2. 译者姓名国籍:在第一行第二直线内。

3. 原著者:写在第二行第一直线内。

4. 书名:写在第三行第二直线内。

5. 版次:写在书名后。

6. 出版地:写在版次后,如无版次,则写在书名后。

7. 发行所:写在出版地后,如一行不够写,则写在次行第一直线内。

8. 出版日期

译者卡为副目录之一,故印刷事项可略去,卡之格式如下:

837		汪馥泉　等译
W67	王 三	尔 德（英） 狱 中 记　二 版　上 海　商 务　十 年 ○

至西文译者卡之格式,与中文者微有不同,其格式如下:

1. 书码　写于左上角。

2. 译者　在第一行离左边八个字位起写译者姓名,名后空二格打(tr.)一字。

3. 原著者

4. 书名

5. 译者

6. 版次

7. 出版地及发行所

8. 出版日期

9. 印刷事项

第三项至第八项,其写法与西文著者卡相同。

西文译者卡（Translator Card）

P23   Leung, George Kin tr.

L92   Lu – Hsan.

The true story of Ah Q, by Lu – Hsun. Translated into English by George Kin Leung. Shanghai. The Commercial Press, Limited. ,1926. 10. OP.

（三）书名目录写法

以书名写在目录卡第一行第二直线内者为书名目录,其应载之事项如下:

1. 书码   写在卡左上角。

2. 书名   写在第一行第二直线内,如一行不够写,则继续写在次行,但须离第二直线两个空位。

3. 译者   写在书名后,如不够写,则续写在次行,但须离第二直线两个空位。

4. 版次

5. 出版地及发行所

6. 出版日期

7. 印刷事项

8. 著者   写在印刷事项,下一行第一直线内。

9. 丛书名   在著者下一行第二直线内。

10. 细目   写在丛书名下一行第二直线内。

11. 附注

其式如下：

847		狱中记　汪馥泉　等译　二版
W67		上　海　商务　十三年二月
		平　装　200页
	王	尔德(英)
		(文学研究会丛书)
		原著者：Wilde, Oscar.
		原书名：De Profoundis.
		○

821.04		欧阳文忠全集　　一五八卷　　十八年
636		上　海　商　务　据　涵　芬　楼　藏　元
		刊　本　影　印　　三　六　册
	欧	阳　修　(宋)
		(四部丛刊集部)
		细目：
		居士集　五十卷
		○

821.04		欧阳文忠全集	第二卡
636		外集	二十五卷
		易童子问	三卷
		外制集	三卷
		内制集	八卷
		… … …	… …
		… … …	… …

至西文书名卡之格式则与西文译者卡同,不过第一行改译者之姓名为书名而已,式如下图:

西文书名卡(Title Card)

P23   The true story of Ah Q.
L92   Lu – Hsun.

    The true story of Ah Q. by Lu – Hsun. Translated into English by George Kin Leung. Shanghai, the Commercial Press, Limited, 1926 100p.

(四)标题目录写法

以该书所属种类的类名写在卡片第一行第二直线内者谓之标题目录,又名类名目录或件名目录,中日文者,将类名写红字,或在

类名下画一红线,西文者,其类名则全用大草字母。卡上应载之事项如下:

1. 书码　写在卡片左上角。

2. 标题　写在第一行第二直线内。

3. 著者　写在第二行第一直线内。

4. 书名　写在第三行第二直线内。

5. 译者　写在书名后,如一行不够写,则续写在一次行第一直线内。

6. 版次　写在译者后,如无译者,则写书名后。

7. 出版地及发行所　写在版次之后,如无版次及译者,则写在书名之后。

8. 出版日期　写在发行所后。

其他各项在标题卡内可不用详载,式如下图:

837		英国小说(红字)					
W67	王	尔　德　(英)					
		狱　中　记　　汪　馥　泉　　等　译　　二　版　　上					
	海	商　务　　十　三　年					
					○		

西文标题卡之写法与西文书名同,不过第一行易书名为标题而已。式如下图:

```
P23      CHINESE FICTION.
L92      Lu－Hsun.
         The True Story of Ali Q, by Iu－Hsun. Translated into Eng-
         lish By George Kin Leung. Shanghai, The Commercial Press,
         limited, 1926.
             100 P.


                              ◯
```

（五）注译者目录写法

将书之本文加以解释者谓之注释,如沈雁冰选注庄子,则沈雁冰为注释者。以注释者之姓名国籍及其生平年代写于卡上第一行第二直线内者,为注释者卡。卡上应载之事项如下:

1.书码:写在卡片左上角。

2.注释者:写在第一行第二直线内。

3.著者项:写在第二行第一直线内。

4.书名项:写在第三行第二直线内。

5.出版事项:写在书名项后。

注释者卡为副目录之一,印刷事项可略去,其式如下图:

（一）

082.711		徐铉等(宋)注
407	许 据 四	慎　（汉） 说文解字　卅一卷　十八年　上海　商务 日 本 岩 崎 氏 嘉 静 堂 藏 北 宋 刊 本 影 印 册 　　　　　　　○

（二）

120		沈雁冰　注
454	庄	周(周) 庄子　上海　商务　十五年 　　　　　　○

　　西文注释者卡格式与西文译者卡同,所不同者,只第一行易译者为注者耳。式如下图:

P27	Kwei, Yu. tr.
A2	Andersen, Hans Christian.
	What the moon saw, by H. C. Andersen, with Chinese translation and notes by Kwcei Yu. Shanghai, Commercial press. 1930.
	○

(六)书架目录写法

书架目录写法与著者卡同,但须写多一登记号数在著者线外及加载书籍价目在印刷事项之后,至细目及附注栏,则可省去。此目录依书码排列,存于编目室中,以备编目者之参考,并藉以知馆中存有每类书籍之书数。其式如下图:

中文书架目录

837	王	尔德(英)
W67		狱 中 记　汪 馥 泉　等 译　二 版
	上	海　商 务　十 三 年 二 月　平 装
	200	页　八 角
210019		(文 学 研 究 会 丛 书)
		○

西文书架目录(Shelf List)

P32

L92   Lu – Hsun.

　　　The true story of Ah Q, by Lu – Hsun. Translated into
English by George Kin Leung.　Shanghai, The Commer-
cial Press, limited, 1926.

4025　　　100 P. $2.00

　　　I. Title.　I. Chinese Fiction.

○

（七）丛书目录写法

以丛书名写在卡上第一行第二直线内者为丛书卡,其应载之事项如下:

1.书码:写在卡片左上角上。

2.丛书名:写在第一行第二直线内。

3.著者项:写在第二行第一直线内。

4.书名项:写在第三行第二直线内。

5.出版事项:写在书名项后。

其他各项可一概省去,式如下图:

837		文　学　研　究　会　丛　书
W67	王	尔德(英)
	上	狱中记　　汪馥泉　　等译　　二版海　商务　十三年

○

25

西文书籍可不编制此项丛书卡。

(八)分析目录写法

凡书籍之内容复杂者,或其中某篇某章异常重要者或数书合订者或书中某部曾刊印单行本者,如四部丛刊,四部备要,聚珍版全书,几辅丛书等,均须编制分析目录,盖不编制此项分析目录,则该书之内容,阅者无从知悉也。

分析目录之种类有三:(1)书名分析目录,(2)著者分析目录,(3)标题分析目录,(4)注释者译者分析目录。丛书内之各书,必须编制上列四种分析目录。如一书内某篇某章异常有价值者,或杂著中之著名篇章而为类名卡所不能包括者,亦须酌量编制。

至图书馆之应否多编分析目录,则视乎该馆藏书多少而定,如书少者可多制分析卡,以便阅者之参考,如书多者,则可少编之,因各类专书既多,则无须参阅其他书中之一章数节也。但该图书馆如特别搜藏某种问题之书籍,则各书中之一篇一章与该问题有关者,均须编制标题分析目录。兹将各种分析目录之写法分述如下:

1.书名分析目录,其应载之事项如下:

a. 书码

b. 书名项　将分析之书名或篇名写于卡片上第一行第二直线内,如一行不够,续写在第二行,但须缩入两个字位。

c. 著者项　将著者姓名,国籍,出生年代写于书名项下一行第一直线内。

d. 分析见注　写在著者项下,以括弧括之。先写"见"字,然后写包含此书,或篇章之全书书名,并注明此书或篇章在全书内第几册或第几页。式如下图:

中文书名分析卡

080		青鸟　傅东华译
21	梅	脱　　林　克　（　比　）
869		（见万有文库第一集第八六九种）
		◯

西文之书名分析卡,其写法如下:

a. 书码

b. 书名项:离左边八个字位起写在第一行,如一行不够,续写在第二行,但须缩入两个字位。

c. 著者项:在书名项下一行,离左边六个字位起写。

d. 分析见注:写在著者项下一行,以括弧括之,先写 in 字,然后写包含此书或篇章之全书书名及编著者;并注明此书或篇章在全书内第几册,或第几页。式如下图:

西文书名分析卡

PN58　　Brief sketch of Chinese history.　1922.
S68　　Pott, F. L. Hawks.
　　　　（in Sokolsky, George E., ed. American university club of
China, 1922. PP. 1 – 28.）

◯

2.著者分析卡,其应载之事项如下:

a.书码

b.著者项:将著者姓名,国籍,及其所生年代写于第一行第一直线内。

c.书名项:将所分析之书名及译注者等(如无译注者略去)写在第二行第二直线内,如一行不够,续写在次行第一直线内。

d.分析见注　写法与书名分析卡同。

e.索引　将标题分析卡之标题,写于卡后,其式如下:

080	梅	脱　林克(比)
21 869		青　鸟　　　傅　东　华　译 (见万有文库第一集第八六九种)
		◯

比利时戏剧

◯

28

至西文著者分析目录,其写法如下:

a. 书码

b. 著者项　在第二行离左边六个字位起写。

c. 书名项　在著者项下一行缩入两个字位起写。

d. 分析见注　写法与书名分析卡同其式如下图。

e. 将标题分析卡之标题,写于卡上。

PN58

S68　　Pott, F. L. Hawks.

　　　　A brief sketch of Chinese history.

　　　(in Sokolsky, George E. , ed.　　American university club of China, 1922. PP. 1 – 28.)

　　　　I.　　China – history.

○

3. 标题分析,其应载之事项如下:

a 书码

b 标题　将标题写在第一行第二直线内。

c 著者项　写在标题卡下一行第一直线内。

d 书名项　写在著者项下一行,缩入两个字位,如一行不够,写在次行第一直线内。

e 分析见注　写法与书名分析卡同,式如下图:

080		比利时戏剧(红字)
21 869	梅	脱　林克(比) 青鸟　傅东华译 (见万有文库第一集第八六九种) ○

至西文之标题分析卡,其写法如下:

a 书码

b 标题　在第一行,离左边八个字位起写。

c 著者　在第二行,离左边六个字位起写。

d 书名　在第三行,离左边八个字位起写,如一行不够,续写在次行,但须移出两个字位。

e 分析见注　写法与书名分析卡同。式如下图:

PN58　　CHINA = = HIST.

S68　　Pott, F. L. Hawks.

　　　　A brief sketch of Cninese history.

　　　　(in Sokolsky, George E., ed. American university club of China, 1922. PP. 1 – 28.)

○

4.译者注释者分析目录,关于姓名写法,与译者释者卡同。著者,书名,分析见注写法与著者分析目录同。式如下图。

中文译者分析卡

080		傅东华译
21 869	梅	脱 林 克 （ 比 ） 青　鸟 （ 见 万 有 文 库 第 一 集 第 八 六 九种） ○

（九）参考目录写法

参考卡为帮助或指引阅者参考之用,其种类有三:

1.见卡　编制目录时,如遇有同一著者而有别号,同一书,而有两名;同一原著者,而有不同之译音,同一字而有几种写法,以及同一类目而有几个别名者;只能择其一名,不能数名同时并用,而以其他一名编制见卡,如"东坡居士见苏轼""石头记见红楼梦""摆仑见拜仑""豬见豬""群学见社会学"等是,编目时既选定苏轼为著者,则不能用东坡居士之名,但恐阅者以东坡居士之名来图书馆找书,故须多制一张"东坡居士见苏轼"之见卡,以便阅者之检查也。见卡之写法如下:

a.将废弃不用之名写在第一行第二直线内。

b."见"字写在第二行第二直线内退入一字位

c.将采用之名写在第三行第一直线内。式如下图:

异 写 见 卡

		预(十三画)
	豫	见 (十六画)

著 者 异 见 卡

		六 一 居 士
	欧	见 阳 修

书名异名见卡

		石　头　记
	红	见 楼　梦
		○

原著者别译见卡

		摆仑（Byron）
	拜	见 仑　（Byron）
		○

类 名 见 卡

西文见卡写法如下：

a. 将不用之名写在第四行，离左边九个字位起写。

b. 隔两行，离左边十一个字位起写"see"字。

c. 隔两行，离左边七个字位起写采用之名，式如下图：

2. 参见卡　参见卡每用于标题方面，凡类名种类相近，可互相参考者，须用参见卡，其写法与见卡同，式如下图：

		簿　记　（　红　字　）
	会	参　见 计　学（红　字） ○

		小　说　（　红　字　）
	中	参　见 国　小　说　（　红　字　） ○

　　3.指引卡　目录箱中,排列目录卡片逾万,苟无指引卡之编制,则阅者难以检查,故大约每隔廿五张卡片,须制一指引卡。指引卡之大小,与目录卡同,但其上端,突出一小角,可在此角上写字之画数,起笔,单字,姓名,复词,标题等,此卡有五齿三齿二种常用者,以五齿一式为多,其式如下图:

、起

李

36

经济

王云五

小　说
（红　字）

第二章　编目规则

兹参以国内外图书专家之编目条例,与个人编目所得之经验试定编目规则如下。

第一节　总　　则

凡完备之目录,须有下列各种目录:

a. 著者目录

b. 书名目录

c. 标题(又名类名)目录

d. 各种必要之副目录(如书之译者,注释者,笔记者,编者,出版者,或书之异名简称,类之别名。以及参考卡,分析卡,丛书卡等)

e. 书架目录

第二节　著者目录编制规则

编制著者目录,非易事也。盖著者有隐名者,有别号者,有伪名者,有一人而前后异名者。

编目者,遇此问题发生时,则不能直照原书著者姓名录于卡上,否则一人所著之书,难免有分置各处之弊。欲解此难题而免纷乱,自当厘定规则如下:

(一)著者须用其正式姓名,不得用其别署。如东坡文集一书,著者须用其正式姓名苏轼,不得用苏东坡或苏子瞻、苏学士等名号,并须制参照卡,以便检阅。如:

821.04	苏	轼 （宋）
784	成	苏 文 忠 公 全 集　　一 百 卷　　明 化 四 年 重 刊 本　　四 十 八 册
		○

		东坡居士
	苏	见 轼
		○

40

（二）著者一律用其真姓名。如原书所题为伪名时,须考定之。如三侠五义一书,原书题为问竹主人所著。但经世人考证为石玉昆作品,编目时即应用此真姓名。如编目者不知某名是否真伪,则假定其为真名,俟查出确为伪名时,再加伪名二字于目录中所有关于该氏各卡名后,而以括弧括之。

（三）著者卡内须载其姓名朝代,但现代作家,得不标明其年代。此年代对于该著者之生平,颇有大用,又可以区别姓名相同之二著者。如同姓名,同朝代则卡须注明籍贯或职业以区别之。至外国著者须加国籍于名后。例:

821.03	颜	真卿(唐)
741 五		文 忠 集 二 十 卷 清 光 绪 二 年 广 雅 书 局 刊 本 三 册
		◯

877	辛	克 莱 ,阿 普 吞 (美)
S61 十		煤 油 易 坎 人 译 上 海 光 华 九 年 六 月 洋 装 二 册 原著者:Sinclair, Upton 原书名:Oil
		◯

（四）凡中国古籍，虽原书题有著者之名，但经世人考证确非其本人所作而又不知谁为此书之真著者，如管子一书，题为管仲撰之类。依四库例，称旧题某某(旧题二字，排卡时不计)。

120 613	（旧	题 ） 管 仲 （ 周 ）
	清 郡	管 子　　二 四 卷　　　房 玄 龄 （ 唐 ） 注 光 绪 二 年 浙 江 书 局 据 明 吴 赵 氏 本 校 刊 本　　　七 册
		◯

（五）著者姓名未详者，则将第一行空去，以便日后填写。例：

082.74 98		
	平	竹 书 纪 年　　二 卷　　　上 海 中 华 据 津 馆 本　校 刊 本 （ 四 部 备 要 史 部 ）
		◯

此种无姓名之卡，于未填正以前，其排列之次序，依书名之笔画而定，如此姓名查获后当另制书名卡一张，并将此著者卡照著者笔画排列。

（六）凡帝王后妃均称国称谥,不称其本名,以其谥号为世人所易知也。如:

510.1 971	清 年	圣祖　编
		数理精蕴　　四十卷清光绪八 年　广东藩司摹刊本　　三十二册 ○

（七）凡有笺注之书,须将笺者注释者,一并载明卡中,并另制注释者笺者卡(注释笺注,注疏等,在卡上简称曰注)。翻译者亦同。

（八）凡已婚女子每冠以夫家之姓氏。但制卡时,仍用其本人姓名,并制一见卡,以便检阅。例:

		孙　宋　庆　龄
	宋	见 庆　龄 宋庆龄为孙文之夫人 ○

其无名者,得依旧例称某氏女,其已嫁者,称某某氏。

(九)凡有图之书,若其图为名人所绘,或特别有价值者,亦得将其姓名录于著者之后,称某某绘图。

(十)图画地图之绘者以著者论。例:

909	丘	守 愚 绘
81	舆	南 洋 商 用 全 图　　　上 海　　　南 洋 地 学 社　　　十 八 年　　　六 月
		○

(十一)凡二人合著之书,称"某某与某某撰"(撰字可略去。与字缩细),三人以上合著之书,称"某某等合著"。注释者,编者,译者,均仿此。例:

二人合著卡

870.4	藏	原惟人与外村史郎
949	沫	文 艺 政 策　　　鲁 迅 译　　　上 海　　　水 十 九 年　　　洋 装 ４ ９ ５ 页
		○

二人合著副卡

870.4	外	村 史 郎 与 藏 原 惟 人　　合 著
949	沫	文 艺 政 策　　鲁 迅 译　　上 海　　水 十 九 年 ○

三人以上著者卡

624	川	口虎雄等
933	株 241	土 木 工 学　　六 版　　东 京　　丸 善 式 会 社　　大 正 十 五 年　　洋 装 页 ○

三人以上合著卡

624		三浦锅太郎　　　合著者
933	川 会	口虎雄等 土木工学　六版　东京丸善株式 社　大正十五年 ○

二人编著卡

80.1	李	幼泉与洪北平编
151	年	文　学　概　论　　上　海　　民　智　　十　九 二　月　　洋　装　２３６页 ○

46

801. 151	洪 年	北平与李幼泉合编 文 学 概 论　　上 海　　民 智　　十 九 ○

（十二）凡编者,注者,译者等姓名之选择法均与著者同。

（十三）除著者撰者在卡上,可将著字撰字略去外;至于编者,辑者,纂者,称"编"。注释者,注疏者,笺注者,选注者称"注";校雠考订者称"校"。翻译者称"译"。句读者,称"句读"。绘图者称"绘"。修者称"修"。演讲者称"演讲"。

（十四）凡以地方政府名义编辑之刊物,而无编辑人姓名者,则以该机关为著者。其机关名称,须冠以所在省县之名,如"广东省政府","广州市教育局","南海县财政局"等。例:

333.1 814	广	东财政厅田亩陈报处编 广 东 财 政 厅 清 理 田 赋 方 案 ○

（十五）各国政府各部之出版物而无编者著者姓名，以该机关为著者，但须以国名或国号冠之。如：

美国外交部

日本外务省

中国财政部须制（"国民政府财政部见中国财政部"及"财政部见中国财政部"等见卡）

元司农司

082.74 965	元 据	司农司 农桑辑要　七卷　十八年上海中华浙江书局刻本校刊　二册（四部备要子部）

有此著者卡则一国一时代一机关之出版物可一检而知。

（十六）凡政府或部院等内部之各司各课各处等，均附记于各该部院名称之后，如：中国立法院统计处，广东省政府秘书处，中国财政部会计司等，惟各部院所辖之独立机关则直接记于国号之后。如

中国全国烟酒公卖处而非中国财政部全国烟酒公卖处。

（十七）凡团体或会社所编之出版物，以该团体或会社为著者，如中国教育文化基金委员会，上海朝花社，南京学术演讲会等是。

827	上	海朝花社　编
863	潮	在 沙 漠 上 及 其 他　　上 海　　春 十 八 年 六 月　　洋 装　　２ ０ ０ 页 （近 代 世 界 短 篇 小 说 集） 〇

040.5	南	京学术演讲会　编
869	九	学 术 讲 演 集　　上 海　　世 界　　十 年 三 月　　　洋 装 １ ６ ０ 页 〇

（十八）凡各种团体组织（如公民集会，各种临时会议，国际会议，展览会等是）须冠以所在地之地名，如：

杭州艺术展览会

华盛顿限制军备会议

北平国民会议

广州国货展览会

（十九）凡学校，图书馆，商会，医院，观象台，博物院，植物园，国立银行，戏院，商店，试验室，养育院等机关，用为著者时，均须冠以所在地之名称，但其名称已包括所在地之名称或著名之机关者例外，如：

广州市立中山图书馆

广东省立第一中学

上海商民协会

广州市立医院

青岛观象台

伦敦博物院

（二十）凡会社，机关团体，不能用其简称或别名，如中大，四中全会，省府，财厅等是。

（二十一）凡机关团体有更改时，均用其著作发表时之名称，而以其他名称制参见卡。如：

"中国大学院"参见"中国教育部"。

"国立第一中山大学"参见"国立中山大学"。

第三节　译者卡编制规则

将一种语言文字，易为他种语言文字谓之译。自西洋文化输入中国后，所翻译外国之科学文学书籍，日见繁多，而尤以文学与社会科学为最。如阿志巴绥夫所著之沙宁同时有三本译本出版（一为郑振铎译，一为潘训译，一为伍光建译）；雷马克所著之西线无战事一书，亦同时有两译本出现（一为林疑今译，一为洪深与马彦祥合译）；布哈林所著之历史的唯物论，竟有五本译本，其踊跃情形，概可想见。于是图书馆中，又增一大量之翻译书籍，同时中文编目中，又发生问题矣。

吾国译音,向无标准。而政府又未颁布一译音标准,以资遵守。于是译者随便翻译,遂致同一著者,而有几个不同之译名,同一地名,而异其所译。如英国文学家 Byron 有译作拜伦,有译作摆仑,又有译作拜仑者;又如 Marx 有马克斯,马克思,马克司,三种不同之译名,编目者苟不定一译音标准,规定法则,而照书上所译者迻录,则势必至同一著者所著之书而致分置各处。故编制译者目录时,不能不有种种法则也。兹订定如下:

(一)凡外国人名地名之译音,一律依照商务印书馆所出版之标准汉译人名地名表为标准。但习惯上通行沿用之译名,而为世人所熟悉者,则仍照习用者。如表中无者,则由编目者自行译定;如书上无原著者之原名,又无法在人名录或百科全书中查得其原名者,则照书上所译之译名。但无论照标准汉译外国人名地名表,或自行译定,抑照书上所译之译名,皆应书于卡上,依原著者之字母顺序排列于箱中,以为日后沿用之根据。例:

		Lewis, Arthur.
	留	伊 斯 , 亚 塔 尔
		○

(二)须将原著者姓名并译,不能只译其姓,盖遇同姓之著者,应以名区别之也。如书籍非逾十万册以上之图书馆,则不必译其名,以省手续。其写法姓前名后,而以逗点隔之,著者译名之后,应

加国籍,著者原名应记于附注项内。如能查出其原书名者,亦应附
注。例如:

877 S61	辛	克莱,阿普吞(美)
	十	煤 油　　易 坎 人 译　　上 海　　光 华 九 年 六 月 洋 装 二 册 原 著 者:Sinclair, Upton. 原 书 名:Oil. 〇

(三)如原书所译之名与标准译音不同时应以标准译音为准,
但须制见卡。例如:

		马克司(Marx)
	马	见 克 斯(Marx) 〇

52

		安徒生（Anderson）
安		见 得　孙（Anderson） ◯

（四）无法查得原著者时，以译者为著者。译者卡即为正卡。

817 562	吴 七	曙天译
		雅　歌　上　海　北　新　十　五　年 月　洋　装　２５０　页 ◯

（五）原著者太多时，以译者为著者。如：

867	张	资平译
428－10	十	草丛中二版上海乐群八年洋装１５０页 ◯

（六）如一人所译之书，其卡之制法如下片。

834		顾仲彝译
S53	莎 九	士比亚，威廉（英）威尼斯商人上海新月十年 ◯

54

834	莎	士比亚,威廉(英)
S53	海 页	威 尼 斯 商 人 顾 仲 彝 译 上 新 月 十 九 年 五 月 洋 装 2 5 0 原著者：Shakespeare，William. 原书名：Merchant of Venice. ◯

834		威 尼 斯 商 人　　顾 仲 彝 译 上
S53	莎	海 新 月　十 九 年 五 月 　　洋 装 ２ ５ ０ 页 士 比 亚 ，威 廉 （ 英 ） 原著者：Shakespeare，William. 原书名：Merehant of Venice.

834		英国戏剧(红字)
S53	莎 海	士 比 亚 ，威 廉 （ 英 ） 威 尼 斯 商 人　　顾 仲 彝 译　　上 　　新 月 十 九 年

（七）如译者为二人，其制卡之法如下：

897		戴 望 舒 与 徐 霞 村 译
A99	阿 新	左 林 （ 西 班 牙 ） 西 万 提 斯 的 未 婚 妻 上 海 月 十 九 年 ○

897		徐霞村与戴望舒合译
A99	阿 新	左林(西班牙) 西 万 提 斯 的 未 婚 妻 上 海 月 十 九 年 ○

867	阿	左林(西班牙)
A99	 与 年	西 万 提 斯 的 未 婚 妻 戴 望 舒 徐 霞 村 译 上 海 新 月 十 九 三 月 洋 装 ２０７页 原著者：Azorin. ○

56

897		西 万 提 斯 的 未 婚 妻　　戴 望 舒
A99	阿	与 徐 霞 村 译　　上 海　　新 月
		十 九 年 三 月　　洋 装 ２ ０ ７ 页
		左 林 （ 西 班 牙 ）
		原 著 者 ： Azorin .
		○

注意:原书名查不到时可缺去。

897		西班牙小说(红字)
A99	阿	左 林 （ 西 班 牙 ）
		西 万 提 斯 的 未 婚 妻 戴 望 舒
	与	徐 霞 村 译　　上 海　　新 月 十 九 年

　　(八)如为三人或二人以上所译,译者卡可不须全制,只取其第一人或其中最著名之一人为译者,而书某某等译即可,其余之译者,有必要者,亦可多制一译者卡。其卡之制法如下:

873		柔石等译
G67	高 光	尔基，麦克泌（俄） 戈 理 基 文 录 鲁 迅 编 上 海 华 十 九 年

873		沈端先　合译者
G67	高 等	尔基，麦克泌（俄） 戈 理 基 文 录 鲁 迅 编 柔 石 译 上 海 光 华 十 九 年

873	高	尔基,麦克泌(俄)
G67	等 月	戈 理 基 文 录 鲁 迅 编 柔 石 译 上 海 光 华 十 九 年 八 　洋 装 2 5 2 页 原 著 者：Gorky，Maxim.

873		戈 理 基 文 录　　鲁 迅 编　　柔 石
G67		等 译 上 海 光 华 十 九 年 八 月 洋 装 ２ ５ ２ 页
	高	尔 基 ，麦 克 泌 （ 俄 ） 原 著 者 :Gorky. Maxim. 〇

873		俄 国 文 学 —— 别 集（ 红 字 ）
G67	高	尔 基 ，麦 克 泌 （ 俄 ）
	等	戈 理 基 文 录 鲁 迅 编 柔 石 译 上 海 光 华　　十 九 年 〇

		文学——俄国(红字)
	俄	见 国 文 学 （ 红 字 ） 〇

873		鲁迅编
G67	高 海	尔基，麦克泌（俄） 戈理基文录柔石等译上 光华十九年 〇

（九）如原书为俄文，经译为英文，现根据英文本译为中文，此谓之重译，重译之书其制卡之法如下：

390.1		刘家筠重译
L66	留	伊斯，亚搭尔（美） 社会主义社会学高畠素之 （日）译上海华通十九年

390.1	留	伊斯，亚搭尔(美)
L66	（日） 十	社会主义社会学高畠素之 译刘家筠重译上海华通 九年五月洋装400页 原著者:Lewis, Arthur. 原书名:An introduction to Sociology

60

390.1		高畠素之(日)译
L66	留 译	伊斯，亚搭尔（美） 社 会 主 义 社 会 学　刘家筠 重 　上 海 华 通　十 九 年

390.1		社 会 主 义 社 会 学 高畠素之
L66	留	（ 日 ）译刘 家 筠 重 译 上 海 华 通 十 九 年 五 月 洋 装 ２５０ 页 伊 斯，亚 搭 尔（ 美 ）
		原 著 者：Lewis, Arthur. 原 书 名：An introduction to Sociology.

390.1		社会学(红字)
L66	留 （日） 年	伊 斯，亚 搭 尔（ 美 ） 社 会 主 义 社 会 学 高 畠 素 之 译 刘 家 筠 重 译 上 海 华 通 十 九 ○

（十）为利便读者之只知原著者,或原书名而欲找该书之译本者起见,可多制下列二卡:(一)原文著者卡(二)原文书名卡。依字母顺序,排列于西文目录卡箱中。

834	Shak	espeare, William,
S53		As you like it.
	莎	士 比 亚 , 威 廉 （ 英 ）
		如 愿 张 采 真 译 北 平 北 新
	十	六 年
		○

834		As you like it.
S53	Shak	espeare, William.
		如 愿 张 采 真 译 北 平 北 新
		十 六 年
	莎	士 比 亚 , 威 廉 （ 英 ）
		○

（十一）书名中之外国人名地名无须改译,概照译本所译之译音,如前例戈理基文录,戈理基概照原译本所题,不必改译为高尔基文录。

（十二）凡译本所译之书名,如将原著者姓名列入书名中者,不必将其姓名省去。惟用简名亦可,但须制见卡。如戈理基文录,

62

查理斯密大代数等是。

第四节　书名卡编制规则

（一）书名理应照书封面所题者为主,但中国旧籍,其封面所题之书名往往非原著者所拟之名,而每为坊贾所造,或别人所题,故书名之审定,古籍应以本书正文起首处所题为准,新书则以版权页所题为准。

（二）若正文起首处所题之书名,不能概括全书,或不适合者,须在书签,目录,书边所题者,择其最适当者用之。并须于附注栏内注明。

（三）一书有二名时,须两名并载于书名栏内,并多制一书名卡。例:

827.08		椰子与榴梿（一名南洋漫游记）
407		上　海　现　代　十　九　年　十月　平装１８５页
	许　　杰	

827.08		南洋漫游记（一名椰子与榴梿）
407		上海 现代 十九年十月 平装 185 页
	许 杰	

（三）如书籍无书名者,则可由编目者自行酌量订定。

（四）书名中无关重要之冗字,可省去,如"钦定""御批""增订""足本""绘图""增广笺注""教育部审定"等字,皆须删去。但各书因之而分别者,则不可省去,如新撰学生尺牍"新撰"二字,新著本国史,"新著"二字,最新财政学"最新"二字等是。

（五）书名之冠以新学制初中教科书,新撰初中教科书,现代初中教科书等字样者,应删去,因此乃丛书之名,可移载在丛书附注栏内,并另制丛书卡。例:

540		化学 二版 上海 商务 十
661		九年二月平装200页
	郑 贞文编	（现代初中教科书）
		◯

540		现代初中教科书
661	郑 九	贞文编 化学 二版 上海 商务 十 年
		○

（六）书之内容,有年代性质者,须于书名后注明年代。例如:

927.6		筹办夷务始末（咸丰朝）八
551	 贾	十卷十九年故宫博物 院刊本四十册 桢 等
		○

第五节　标题卡编制规则（附标题编制法）

Ⅰ.标题编制法

1.标题之意义及其功用

标题之意义为何？曰："用简短明了之词句，以标明一书之内容者，谓之标题"。

标题之功用，在使与某种问题相关之一切著作，均得集于一处，俾阅者检此标题时，即能获此各种著作，换言之即用目录之方式，将全馆散在各处内容相同之材料，综集一处，内容有关之材料连贯起来以便阅者之检阅。例如现以经济学一名词为标题，则馆内所有经济学之书籍或某书一部分讨论经济学之书籍，均以经济学为标题。阅者检阅经济学标题卡，即可得此种散在各处之经济学书籍。故阅者到馆检阅书籍者，其检阅标题目录以找书，实较检查著者目录或书名目录为多，苟阅者借书时以下列问题询之馆员，"我欲借关于某某问题之书籍，馆中有何书"，馆员欲完满答复此问题，须从目录箱中检查此问题之标题卡，否则虽富有经验之馆员亦茫然不知所对也。

而且阅者苟忘记某书之书名与著者，而欲检阅此书，若无标题卡，则无从寻觅矣。至其他小册子官报刊物，其书名著者，每不经人注意，检阅此类刊物时，尤须赖有标题也。

标题卡中，又有"见卡""参见卡"以引导阅者参考与某标题有关系之一切材料。如阅者找会计一类书时则有"会计"参见"簿记"一参见卡以引带阅者参考与会计有关之簿记一类书籍。是故图书编有标题卡，然后能使各书之功用增大。

抑尤有进者，书籍中每多内容复杂，讨论各种问题者，分类时只能入于一处。若能多制几张标题目录,务须详尽的标明此书之内容,则可济分类之穷。如理化词典一书只可入530.3或540.3,但编目时编制标题卡二张一为"物理学—辞典"一为"化学—辞典"则可包括此书之内容。因此阅者找寻物理学时,可找得此书,而找寻化学时亦可找得此书。是故刘衡如先生于图书目录略说中有言:"自有主题款目(即标题目录)而关于一事物之资料,举手即得,向之需翻阅数册数十册之分类目录乃始得之者,今展卷即可得之;向之需淹博之学识以为背景者,今乃可以检字得之。其便利为何如耶?"由此观之,标题之功用,实超乎著者,书名目录之上,非虚语也。

标题卡之功用虽大,而国内之图书馆中用之仍少,盖编制标题卡,非易事也。须有完善之标题表,方易着手,否则不免陷于纠纷混乱而丧失其效能。然则标题表者何?将各标题之名称依一定之顺序排列,并注明其间相互之关系,以便应用时之采择者也。

标题表直至今日向未有专书编制。国内之大图书馆编有标题卡者,多采用L. C.之List of Subject Headings.或自行编制。然自行编制者"非熟悉各标题,博览载籍,深明二者相互之关系,具有正确判断力,不错用诸名词,与实际编目及编目工具之专门学识者不能任"(Wilson语),采用L. C.之标题表未尝不可,盖此表之编制乃各图书专家积多年之经验,费无限之精力而始克有成者也。但外国标题,用之于中国图书,又有许多不适用之处,酌量情形而增删之,则在乎编目者之审断耳。

Ⅱ. 编制标题之原则

标题之编制,其困难之点,前文经已言之,下文所列之标题编制原则,不过举其大略,详细之讨论与研究,尚有赖于国内各图书馆学专家。

1. 标题须将书之内容,用简短明了之词,完全表明之。

2. 凡一书所讨论者有数主题，内容包含数种科目者，可用数标题以表明之，如南唐二主诗词一书，可用"中国诗歌""中国词曲"二标题以概括显示此书之内容。

3. 所用标题，务须与该书内容恰合，正确明了，使普通阅者容易检阅，故标题不能太泛，如现代中国小说选一书，标题须用"中国小说"不能用"文学"为标题。

4. 标题须用较普通之名词，生僻与太专门之名词不可用，俾便阅者之检查。如群学作社会学，天演论作进化论，名学作论理学。

5. 凡内容相同之书，须用同一之标题，所用标题宜前后一致，否则纷然杂乱，必致失其效用，如煤油一书，若以前曾用石油作标题，以后须一律用此名词，不可用火油，或煤油以作标题。

6. 凡标题得用一个或两个以上之名词组成之，依字句之形式而论，可大概分为下列数类：

a. 单独名词，如煤，盐，图书，教育，经济学，化学，数学，文学，小说，戏剧，社会主义，资本主义，国际问题，妇女问题。

b. 单独名词后附加细目，如数学——历史，文学——概论，小说——原理，中国国民党——宣言，易经——注释，论语——注释，中国历史——清，教育状况——中国。

c. 复名词中连有续词"与"字"及"字者，如宗教与科学，名胜及古迹，图书馆与学校。

d. 名词后加形容词者，图书馆——农业，统计——经济，细菌学——农业。

8. 主要之字句在先。诚以阅者的检阅，多检查比较重要的字句，如"德国实业"一标题则不如实业——德国之妥，因阅者检阅时每多检阅实业，又如比较宪法应作宪法为佳。

9. 除去标题内之冗字，选择简单名词，如电气学，可改作电学；大不列颠改作英国；法兰西改作法国；欧罗巴洲改作欧洲；欧洲大战作欧战，但标题省去一字而意义不同者则不可省去。如妇女问题不能省作妇女,社会运动不能省作社会,教育状况不能省作教育,三民主义不能省作三民。其他名词经人习用者,亦不贸然删改,如日本不能改作日国,丹麦不能作丹国。

10. 添加细目　标题有正目与细目之分。细目者即在正目之下以国籍,时代,或科目以区分之也。正目之拟制须考学科之范围大小而决定之。如教育为一正目,因其范围广阔,可再定"农业教育""社会教育""工业教育""女子教育""家庭教育""军事教育""变态教育""教育行政""教育测验""教育视察"等。标题正目定后,如仍以此正目为宽泛,可再在正题之下用国籍区别之,细目以分析之,如"教育状况"正目之下,可加国籍细目如"教育状况—中国""教育状况—俄国""教育状况—英国""教育状况—美国"等。又正目之下,有时须以科目区别之细目以区分之如"教育—论文""教育—辞典""教育—大纲""教育—演讲""教育—历史""教育—宣言""教育—会议""教育—原理"等。又有正目之下,须以时代分者。如"中国历史—汉""中国历史—宋""中国历史—明""中国历史—清""中国历史—民国"等,如是则阅者之专事研究教育者,可于"教育"标题下,找得其所需要之材料,研究教育行政者,可于教育行政之标题下找书,研究教育史者,可于"教育—历史"标题下找书。其欲找清代历史者可于"中国历史—清"标题下找之矣。

细目之下,又有可以再加细目如中国教育史一书。可制"教育—历史—中国"之标题,又如广东教育统计一书,可制"教育—统计—中国—广东"与"统计—教育—中国—广东"之标题。

11. 以人名作标题　古今中外之名儒硕彦,科学专家,其生平事迹,每为世人所乐于知晓与研究。是故凡关于载述其事迹之书籍如传记年谱等均以其人名作标题,在其人名之下再加以国籍,朝代或生卒之年代则更为妥善。如林肯(美总统)爱迪生(美科学家)等。

12. 物名可作标题。如"煤""铁""煤油""水泥""树胶""盐"等是。

13. 史事可作标题。如"欧战""华盛顿会议""鸦片战争"。

14. 地名可作标题。地方之成为历史上,交通上,商务,军事政治上之中心者,则记述此地之图书必多,凡编此类书时,可以该地之地名为标题如"上海""伦敦""纽约""东京""柏林""莫斯科"等。

Ⅲ. 标题参照法

标题参照法,为编制标题中之最重要工作,故不能不详述之。

标题参照法有二,一为"见"法 See refference,一为"参见"法 See also refference。"见"法即指引阅者从废弃之标题,而见采用之标题,换言之:即馆中不用"历史学"一标题,而采用"史学"之标题。但恐阅者找历史学之标题,所以要用"见"法,以指引阅者去找馆中所用"史学"之标题,其他如"群学"见"社会学"、"逻辑"见"论理"、"名学"见"论理学"、"农林"见"森林"、"东洋"见"日本"、"华府会议"见"华盛顿会议"、"华会"见"华盛顿会议"、"军备缩减会议"见"华盛顿会议"、"石炭"见"煤"、"微生学见细菌学"均同此义,编制标题时,亦有反题见正题者,如"反共产主义"见"共产主义"、"反党义"见"党义"、"反基督教"见"基督教"。标题之所以用"见"法者,因同一性质而异其名称者实不知凡几,而拟制标题时又不能各名同一采用也。见卡之格式如下:

(一)

		国民经济学(红字)
	经	见 济学（红字） ○

(二)

		政 治 经 济 学 （ 红 字 ）
	经	见 济学（红字） ○

　　"参见"法者,即二种标题,同时在馆中应用,须用一种"参见"法以连结之,俾阅者易于参考,参见卡之制法,系由范围广之标题参见范围狭之标题,或标题种类相近,可彼此参照者,亦可用参见卡如"小说"参见"中国小说"、"英国小说"、"法国小说"、"社会小说"、"侦探小说";"教育"参见"职业教育"、"社会教育";"小说"参见"童话"、"寓言","簿记"参见"会计","会计"参见"簿记"。

参见卡之格式如下：

		小 说（红 字）
	侦	参 见 探 小 说（红 字） ○

若参见之标题甚多,不能一一尽录时,可用一总括之词句指明一切,如:

（一）

		教学法(红字)
	各 法,	参 见 科 教 学 法（红 字）（如 历 史 教 学 英 语 教 学 法 等 ） ○

72

（二）

		地理（红字）
各俄		参见 国地理（红字）（如中国地理，国地理，丹麦地理等） ○

（三）

		辞典（红字）
各动		参见 科——辞典（如教育——辞典，英语——辞典，物学——辞典等） ○

		传记（红字）
查学个		此标题系用于传记汇刊及作传法，欲某特一类人之传记见该类名称如科家艺术家等若欲查某个人传记见该人名如岳飞爱迪生等 ○

除"见"卡与"参见"卡外,复有书码之参考:即关于某标题之书,馆中藏有甚多,而此标题可以用分类号码代表者,可编一参考卡,引见类码,如"经济学见书架上 330 号",若此则一切经济学之书籍,可不必制标题矣,但采用此法,须书架公开,如书架不公开,则不能在架上找书,即使书架公开,此法亦非妥善,因书籍借出时,阅者不知本馆有无此书,二,因一书时有入二类码以上之可能,如 230 为课程,而 263 为小学课程,223 为中学课程,是则课程之书,不尽在 230 书架上矣。

附　标题表

例言

1. 本表依照陈德芸七笔检字法排列,以一丨丿乀丶等笔法分先后。凡字之首笔一起者排在最先,丨起者其次,乀起者最后。第一笔相同者以第二笔分。现以统计学,社会学,教育,三标题之次序为例。则:

（一）教育

（二）社会学

（三）统计学

2. 本标题表系属试编,难称完善,如有新标题时,可依次加入。

3. 正标题下如注明以国分者,可加国籍,如:

教育状况——中国

4. 正标题下如注明以科目分者,可加科目,如:

文学——历史

文学——概论

5.正标题下,如注明以时代分者,可加朝代之名,如:

中国文学——唐

6.凡人名地名物名均可作标题,如:

爱迪生

广州

西湖

铁

煤

7.每标题表注有分类号码,此号码是依照杜定友图书分类法(但略有修改)及革命文库分类法编制的。

标题表

"横起"

一元论
  147

三和土　见　三合土

三合土　三和土(见)
  646.9

三合会
  062

三民主义
  S13
　参见　民族主义
　　　　民权主义
　　　　民生主义

－教学法
  S13.24

－演讲
  S13.04

－论文
  S13.04

－研究
  S13.07

－讨论
  S13.07

三民主义教育
  S13
　　教育(参见)
　　党化教育(见)

奉安
  S19.98

—中国
333.02

土地法（以国分） 法律（参见）
341.87

土地税 地税（见）
376.8

土木工程 见 建筑工程

工厂管理
612

工艺
640

工业（以国分）
670

—中国
670.2

工业（以科目分）
670

—历史
670.9

—会计（工业会计见）
367.13

工业政策
332.7

工业学
670

工业化学 参见
参见 化学药品
640

工业银行 银行（参见）
372.967

工业会计 见 工业－会计

工法（以国分）
341.82

工资
331.2

工程
620

参见
水力工程
电力工程
矿务工程
市政工程
建筑工程
机械工程

工作效能
660.13

工人运动（以国分）
321

工会
331

耳科
617.8

圣经
192.03

职业教育
296

299.2

孝经　中国经学(参见)

028

教材

230

　—小学

237.6；263

教授法　见　教学法

教员

250

教育(以科目分)

200

　　参见　都市教育

　　　　　平民教育

　　　　　中学教育

　　　　　小学教育

　　　　　艺术教育

　　　　　农业教育

　　　　　变态教育

　　　　　补习教育

　　　　　家庭教育

　　　　　军事教育

　　　　　社会教育

　　　　　公民教育

　　　　　师范教育

　　　　　三民主义教育

　　　　　乡村教育

　—统计

202

教育考察

215.5

教育法令

342.2，213.

教育测验

157.2

教育心理学

156.2

教育学

200

教育行政

210

教育状况(以国分)

209

　　—中国

209.2

教育经费

217

教育统计学　统计学(参见)

215.2

教学法　教授法(见)

240

　　参见　设计教学法

　　—小学

246

　　—大学

248

S60

参见　罢工
　　　　民族运动

散文

813

参见　各国散文(如中国散
　　　文英国散文等)

共产主义

393.413

世界地理　见　地理

世界地图　见　地图

世界语

710

古　迹　见　名胜与古迹

古生物学　生物学(参见)

566

古物学

430　561

古乐　见　音乐—古代

故事

818.81

南满铁路

655.92

南洋群岛

919—

救急法

615.8

树木植物学(参见)

634

树胶

678

植物(以地分)

581.9

　　—非洲

581.930—24

植物病理

581.2

参见农产病理

植物学

580

参见　花卉
　　　　草类
　　　　树木
　　　　果树

植民　见　殖民

森　林

634

森林学　农林学(见)

634

梵文

790

林业(以国,地分)

634.9

　　—日本

634.96

　　—东三省

84

花柳病

616.5

警政

351.52,395.6

警察　见　警政

警律

395.6

茶

633.72

蔬菜　农产(参见)。

635

药物学　医学(参见)

615

　　　　医药(见)

占卜

180

戏剧

814

　　　参见　各国戏剧(如中国
　　　　　　戏剧,俄国戏剧等)

戏剧学

814

对联

820.3

小品文　中国散文(参见)

823.813.

小说

817

参见　各国小说(如中国小
　　　　说等)

侦探小说

历史小说

小说学

817

小学教育　教育(参见)

260

小儿科　见　儿科

省政府(以省分)

352.4

　　　—江苏

　　　352.4—19

币制(以国分)

371.5

　　　参见　货币

　　　—中国

　　　371.92

常识

030

党务　中国国民党(参见)

S20

党化教育　见　三民主义教育

日本维新　见　日本历史—明
治

日光疗治法　天然疗治法(参
见)

615.8

参见　算术
　　　三角
　　　代数
　　　几何
—题解
510.9
—答案
510.9
—图表
510.2
星学　天文学(参见)
523.8
明史　见　中国历史—明
易经　中国经学(参见)
022
中日外交　见　外交—中日
中日问题　国际问题(参见)
327.26
参见　蒙满问题
中国政治　见　政治—中国
中国教育　见　教育状况—中国
中国地理　地理(参见)
920—
—山川
920—5
名胜　见　名胜与古迹—
中国
—指南

920—
参见各省地名(如广东,湖南)
参见各地地名(如西湖,罗浮)
注意:此种地名,未列入本
标题表内。
中国地图
909—52
中国革命　见　革命—中国
中国散文　文集(见)
823(以朝代分)
参见　小品文
骈体文
—民国
823.08
中国诗歌　诗集(见)
822(以朝代分)
—唐
822.03
—宋
822.04
—元
822.05
中国游记　游记(参见)
920—8
参见　各省—游记(如广
西—游记)
各地—游记(如北
平—游记)

—指南

　　920—8

中国歌谣

　　822.6

中国哲学　见　哲学—中国

中国词曲

　　822.5

　　参见　楚词

中英外交　见　外交—中英

中山历史　见　孙文

中法外交　见　外交—中法

中美外交　见　外交—中美

中学教育　教育(参见)

　　270

中俄外交　见　外交—中俄

中德外交　见　外交—中德

跳舞

　　490

遗产　承继(参见)

　　341.661

遗产税　税务(参见)

　　376.8

遗精

　　616.5

遗传学

　　575.1

园林

　　418

园艺

　　635

农场

　　631

农村

　　630

农村教育　见　乡村教育

农村问题

　　630.1

　　参见　农业问题

农村调查

　　630.1

农业(以国分)

　　630.9

　　—中国

　　620.2

农业政策

　　332.4

农业教育　教育(参见)

　　299.1;630.7

农业问题

　　630.1

　　参见　农村问题

农业学

　　630

　　参见　农产

　　　　农具

　　　　土壤学

参见　帝国主义

国家学

  321

国货运动

  S57　670.2

国学

  820，920.1

国外汇兑　汇兑(参见)。

  371.7

国外贸易　见　国际贸易

国民政府　见　政府—中国

国民革命　见　革命—中国

国民党　见　中国国民党

国民性(以国分)

  572.9

国民会议(以国分)

  S16

国防(以国分)

  380

国际政治

  320.9

国际问题

  327.1

    参见　太平洋问题

        中日问题

        满蒙问题

国际法

  341

参见　国际私法

国际劳工局

  351.9

国际公法　见　国际法

国际私法　国际法(参见)

  341.3

国会　见　议院

战术

  384

战舰

  382.2

战争

  380

兽医学　医学(参见)

  619

蝶类　动物学(参见)

  595.75

喉科　医学(参见)

  616.9

唯物论

  146

史学

  901

山

  910—5

回教　宗教(参见)

  197

罢工

331.8
岩石学

水力工程　工程学(参见)
　　612.2

言语学　见　语言学

言情小说
　　817.84

言行录
　　040.1

讲演集　演讲集(见)
　　040.5

　　　　　参见　论文集

诗歌
　　812

　　　　　参见　各国诗歌

诗谜　灯谜(见)
　　822.7

诗话　见　诗学

诗词　见　中国词曲

诗词作法　见　诗学—作法
　　　　　　　　词曲学—作法

诗韵
　　822.2

诗学　诗话(见)
　　812

　　　　参见　诗歌
　　　　　　　诗韵

　—作法　诗词作法(见)

诗经　毛诗(见)
　　024

读书法　自修(见)
　　018.3

诸子　见　诸子姓名

语言学　言语学(见)
　　700

讣文
　　823.86

课程
　　230

　　—小学
　　　　237.6　263

　　—中学
　　　　237.7　　273

　　—大学
　　　　237.8　283

议院　国会(见)
　　328.7

议院法
　　328.7

诉讼法(关于法律及学理者)
　　341.7

设计教学法　教学法(参见)
　　245.6

论理学　名学(见)
　　160

论语　四书(参见)
　　029.3

论文集

童话
818.2
参见 各国童话
龙舟歌 见 粤讴
商场 见 市场
商埠
910.6
商业 贸易(参见)
660
参见 交易所
信用制度
信托事业
(以国分)
—中国 实业(参见)
—历史 商业史(见)
商业政策
668.2,322.6
参见 经济政策
商业教育 职业教育(参见)
296.6 教育(参见)
商业地理
910.6
商业研究 见 商业学
商业函牍
660.74
商业史 见 商业—历史
商业心理学 心理学(参见)
参见 商业学

156.6,660.17
商业算术 算术—商业(见)
660.72
商业管理
662
商业学 商业研究(见)
660
参见 投资
商业心理学
进货学
销售学
广告学
商业银行 银行(参见)
372.966
商业名录(以国地分)
660.4
商业状况(以国分)
660.9
商业经济
661
商品学
667
商法 矿法(见)
341.81
参见 合同
信托法
保险法
票据法

95

疯狂心理　见　变态心理学

应用心理学　心理学（参见）
　　156

应用化学
　　540

唐史　见　中国历史—唐

唐诗　见　中国诗歌—唐

康德哲学
　　110

庚子赔款
　　927.861

衣服　见　服装

文字学　字学（见）
　　712
　　　　参见　六书
　　　　　　　六音学
　　　　　　　中国文字

文字狱
　　927.27

文学（以科目分）
　　800
　　　　参见　各国文学
　　　　　　　妇女文学
　　　　　　　儿童文学

—传记　文学家（见）
—批评　文学批评（见）
—原理　文学原理（见）
—概论　文学概论（见）

文学概论
　　　　见　文学—原理
　　　　　　文学—概论

文学批评　见　文学—评论

文学家　见　文学—传记

文集　见　中国散文

文化
　　390.1，910.1
　　　　参见　各国文化
　　　　　　　—历史　学术史（见）

育种学
　　631.2

育儿法
　　691.9

方言
　　718

方程式　代数学（参见）
　　512.2

族谱　家谱（见）
　　091

族行—指南
　　910.8

游戏　运动（参见）
　　491，492，493，494，495，496
　　　　参见　学生游戏

游记
　　910.8
　　　　参见　各国游记

394

家庭教育　教育（参见）
394

　　　　参见　儿童教育

家族制度
321.1

室内体操　见　体操

寓言
818.3

官产
375.2

官制　（以国分）
251.1

　　　一中国
352.1

　　　　　参见　内阁一中
国

宪政　政治状况（参见）
320

　　　一中国（以国分）
320.92

审美　见　美学

审判
341.7

　　　参见　国际审判

空防　国防（参见）
380

字典　字典一国音（见）

一国音　见　字典

字音学
726

　　　　一声律　见　声韵学

字帖　见　碑帖

字学　见　文字学

案件
341.7

实验化学　化学（参见）

实业
670

　　　参见　工业一中国
　　　　　　商业一中国
　　　　　　农业一中国

实业一历史一中国
270.92

清史　见　中国历史一清

沟渠
628.2

法理学　见　法律学

法规（以地方分）
341

法医学　验尸（见）
619.5

法帖　见　碑帖

法国历史
945

　　　　一十九世纪

学术演讲录（见）
395.1

洋画　见　图画

汽机工程
621.1

汽水　荷兰水（见）

汽车　自由车（见）
629.2

自动车（见）
　　参见　机车

汽车事业
629.2

海关（以国分）
376.5
　　　—中国
　　　　376.52

海商法　商法（参见）
341.816

海军（以国分）
386
　　　—中国
　　　　386.2

海军学　军事学（参见）

海运　运输（参见）
658

海盗　见　盗贼

染料学　颜料（见）
647

盗贼　海盗（见）

治疗法　见　疗治学

治疗学　见　疗治学

治外法权
341.2

波斯教　宗教（参见）　拜火教
（见）
195

善书
173.7

美容法　修饰（见）

美学　审美（见）
401
　　　参见　艺术

美术
401
　　　参见　图画
　　　—传记　美术家（见）　画家
（见）

美术家　见　美术—传记

养蚕法　参见　蚕桑

养鸭法
636.5

养蜂法
638.1

养牛法　见　畜牧

养羊法　见　畜牧

养豕法　见　畜牧

448

神话—（以科目分）

818.82,193

　　参见　各国神话

神学

191.1

礼制

398

礼节

398

　　参见　祭祀

礼经　经学（参见）

025

补习教育　教育（参见）

292

心理测验

157

心理学

150

　　参见　青年心理学

　　　　　儿童心理学

　　　　　教育心理学

　　　　　变态心理学

　　　　　商业心理学

　　　　　社会心理学

　　　　　动物心理学

　　　　　分析心理学

　　　　　应用心理学

资本主义　社会主义（参见）

332.2

冶金术

622.7

牛痘　见　种痘

牛奶

637.1

手工

457

生理学

612

　　参见　变态心理学

　　　　　生殖器

生机主义

149.3

生殖器　生理学（参见）

生殖器病

616.5

生死问题　人生问题（参见）

　　　　　死生问题（见）

　　　　　生命（参见）

576.8

生活问题

393.2

　　参见　民生问题

　　　　　居住问题

　　　　　人生问题

生活状况　见　社会状况

积分学　微积分(参见)
　　　　　微分学(参见)
　　517.3

利息
　　511.7
　　　—计算表
　　　　511.7

和平运动
　　347

租界
　　325.5

科学(以朝代分)
　　500
　　　参见　自然科学

科学方法
　　501

科学管理法
　　672
　　　参见　工厂管理

科学与宗教　见　宗教与科学

科学发明
　　501

税务　　　所得税(见)
　　　参见　关税
　　　　　　田税
　　　　　　地方税
　　　　　　遗产税
　　　　　　烟税

　　　　　　酒税

种痘　牛痘(见)
　　614.473
　　　参见　痘症

种族学
　　572
　　　参见　人种学

稻
　　633.1

移民
　　326

移民状况(以国分)
　　326.9

动物园
　　590

动物心理学　心理学(参见)
　　153

动物学
　　590
　　　参见　鸟学,蝶类,细胞
　—标本

动物生态学　生态学(见)
　　591

物理学
　　530
　　　—表册
　　530.2
　　　—实验

342.3

　　参见　国际条约

　　　　　不平等条约

修养

178.1,292.9

修饰　见　美容法

修辞学

715.8　725.8

保险法　参见　商法

保险学

341.61,374

　　参见　人寿保险

　　　　　火险

　　　　　水险

偶像

185.3

　　—中国(以国分)

催眠术

188

售货学　见　销货学

进化论

575

进货学　参见　商业学

663.2

信托事业　参见　商业

378.4

信托法　商法(参见)

信用

371.6,661.2

信用制度　参见　商业

371.6

储畜

272.95

　　参见　邮政储金

储畜银行　银行(参见)

372.96

住宅

416.7

作文法　见　国文—作法

伤寒症

614.511

俄国文学　俄罗斯文学(见)

俄罗斯文学　见　俄国文学

侨民

326

化石学

566

化学(以科目分)

540

　　—表册

540.2

　　营养

533.1

化学

540

　　参见　分析化学

有机化学

无机化学

实验化学

工业化学

胶质化学

元素

化学工程
629

化学药品
543.4

化学品
648

货物
667

货币（以国分）　币制（参见）
371

货币学　纸币（参见）
371

伦理学
170

　　参见　社会道德
　　　　　道德

白莲教
927.62

白话文　见　国语

自由论　哲学（参见）
139.3

自由车　　见　汽车

自动车　见　汽车

自修　见　读书法

自杀
395.11

自然科学　科学（参见）
500

自然律
139.2

自然人类学　人类学（参见）
573.1

鼻科
617

射击
197

儿童教育
260

　　参见　家庭教育
　　　　　儿童训练

儿童研究
260.11

儿童游戏
297.16

　　参见　学生游戏

儿童训练　儿童教育（参见）
224

儿童文学
818

　　参见　民俗故事

儿童心理学　心理学(参见)
　152.1

儿科　医学(参见)　小儿科
(见)
　618.9

儿童卫生　卫生(参见)
　613,260.11

鸟类
　598.2　636.6
　　—日本(以国分)
　　598.206

鸟学　动物学(参见)
　598

乌托邦　理想国(见)
　320.1

鬼神学
　185.3

师范教育　教育(参见)

佛教　宗教(参见)
　194

佛兰西　见　法兰西

佛经
　194.1

粤讽　龙舟歌(见)
　322.7

铁路　(以国分)
　625,655
　　—会计

655.13
　　—中国
625.02

铁路工程
625
　　参见　枕木

铁路管理
655.2

铁路状况(以国分)
655.9
　　—中国
　　655.92

钱庄
372

钱币
371.2

销售学　商业学(参见)
　　售货学(见)
663.3

矿业　矿务(见)
622.2
　　—中国(以国分)

矿产
622.9

矿法　见　商法

矿物学　岩石学(参见)
549

矿务　见　矿业

517.2

徽章

435

卫生

613,614

　　参见　公众卫生

　　　　　学校卫生

　　　　　儿童卫生

卫生—军队

381.3

　　—运动

226.4

所得税　见　税务

独立运动　见　革命运动

航业　航行(见)

658

航空术　见　飞行学

航海法

431.85

航海学

527,386

航行　见　航业

船赛　运动(参见)

498

狩猎

499

犯罪学

395.42

114

肺痨病

616.2,614.56,298.27

用器操　见　体操

用器画　见　几何画

服装　衣服(见)　装束(见)

397.1

　　—中国

397.102

股份公司　公司(参见)

661.12,

肥料学

631.8

胶质化学　化学(参见)

544

腊丁语　拉丁语(见)

710

脑病

616.7

雕刻

430

　　参见　雕版

雕版　雕刻(参见)

460

风景

418

　　—中国(以国分)

418.02

风俗　见　民俗

177

人类学

572,573

参见　人种学

种族学

自然人种学

人造丝　丝业(参见)

677

人生地理　见　人文地理

人生哲学　人生观(见)

170.1

参见　人生问题

人生观　见　人生哲学

人生问题

576.8,393.2

参见　生活问题

生死问题

人生哲学

人种学　参见　种族学,人类学

572

人名

093

—中国(以国分)

093.2

人名辞典

093

—中国(以国分)

293.2

金融状况(以国分)

379

—中国

379.2

—上海

379.2—19

—广东

379.2—30

—东三省

379.2—600

金石

436

金石学

436

金属学

620.29

合同　参见　商法

合作

334

合作问题

334

合作运动

334

合作社　消费合作社(见)

334.6

会计法　见　会计学

会计学　会计法(见)

661.3

参见 簿记

食品—保藏法 罐藏术(参见)

644.8

食谱

691.13

公园

418.3

公债

377

公文(以机关分)

813.83

公文程式

715.7

公羊传

027.2

公众卫生 卫生(参见)

公司

661.12

参见 股份公司

公司法 商法(参见)

341.813

公民教育 社会教育(参见)

教育(参见)

293

分析心理学 心理学(参见)

精神分析(见)

154.2

分析化学 化学(参见)

543

分析几何学 几何学(参见)

解析几何学(见)

516

分配论 经济学(参见)

经济组织(参见)

335

书目 图书馆目录(参见)

图书目录(见)

019

—中国(以国分)

019.02

书法

421

—中国

421.2

—清

421.27

书信 见 函牍

书经 经学(参见)

023

—夏书

—尚书

画家 见 美术—传记

建设

352.44

—中国(以国分)

351.44

建筑工程

624

建筑材料

415.416,613.

建筑学（以科目分）

410

　　参见　工程学

群学　见　社会学

群众运动　见　社会运动

司法

351.35

居住

393.2

居住问题　生活问题（参见）

装束　见　服装

民事诉讼

341.72

民权运动

513.4

民国历史　见　中国历史—民

国

民主政体　体政（参见）

321.4

民主政治　政治学（参见）

321.4

民族

572.19

　　—中国（以国分）

572.92

民族运动

S60

民族学

572.19

民法（以国分）

341.6

　　—审判

341.6

　　参见　亲属法

民生问题　社会问题（参见）

393.2

　　参见　生活问题

民生主义　三民主义（参见）

S13.5

民俗运动

397

民俗　社会状况（参见）　风俗

（见）

397.9

　　（以国分）

　　—中国　民族学（参见）

民俗故事　儿童文学（参见）

民俗学　风俗学（见）

397.9

　　参见　民俗—各国

民众教育　见　平民教育

费边社　见　马克斯主义

332.1

经济学（以科目分）

330

　　参见　　消费

　　　一历史　经济史（见）

　　　　　价值论

　　　　　分配论

经济组织

335

　　参见　分配论

经济绝交

332

经学　参见　春秋,礼经,孝经

020

组织学　参见　解剖学

611,591.8

细菌学　见　微生学

细胞　动物学（参见）

610.1,593

蛮族

572.19

变态教育　教育（参见）

298

变态心理学　癫狂心理（见）

疯狂心理（见）　心理学（参见）

　　　　　生理学（参见）

织造　纺织业（参见）

677

统计（以科目分）

310

　　参见　各科一统计

统计学

310

　　参见　教育统计学

纺织业

677

　　参见　织造

弦乐一钢琴

487

编年史

910

　　参见　中国历史

纸制造法　造纸（见）

626

纸业

676

纸币　货币学（参见）

371.3

约法

342.3

缝纫

691.6

丝业　蚕业（参见）

677

　　参见　蚕丝

绘图

121

440

绘图—中国（以朝代分）

440.92

　　—清

440.927

继承

　　见　承继

乐谱　唱歌（参见）

481.8

　　参见　琴谱

乐府（以朝代分）

822

幼稚园

266

几何画　图学（见）　用器画（见）

447

几何学　数学（参见）

513

　　参见　分析几何学

　　　　　立体几何学

乡村教育　教育（参见）

　　农村教育（见）

299.1

标题表勘误表

"横横起"

三角　数学（参见）

三合土　水泥（见），水门汀（见）

三民主义　参见　民生主义

春秋　经学（参见）

琴谱　乐谱（参见）

理想国　见　乌托邦

刑法　刑事（见）

元素　化学（参见）

天地会　红门会（见）

"横直起"

工厂管理　科学管理法（参见）

工业　参见　劳工问题

工业——中国　实业（参见）

工业政策　经济政策（参见）

工业化学　参见　化学

工资　参见　劳工问题

工程学　建筑学（参见）

工人运动　参见　劳动问题

圣经　旧约（见）

圣经　新约（见）

职业教育　参见　商业教育

职业指导

青年运动　学生运动（参见）

马克斯主义　费边社（见）

马克斯主义　社会主义（参见）

政治——中国　中国政治（见）

政治状况　参见　宪政

县政府　政府(参见)

果树　植物学(参见)

财政状况　经济状况(参见)

数学　算学(见)

易经　经学(参见)

中国散文　散文(参见)

中国戏剧(以时代分)

中国哲学　道家哲学(参见)

中国地图　地图(参见)

中国历史　编年史(参见)

中国历史——唐　唐史(见)

中国历史——明　明史(见)

中国历史——清　清史(见)

中国历史——清　参见　太平天国,
鸦片战争

中国历史——民国　民国历史(见)

中国小说(以时代分)

中国国民党　国民党(见)

中国国民党　政党,党务(参见)

中国诗歌——唐　唐诗(见)

中国诗歌——民国　新诗(见)

中国词曲　诗词(参见)

中国词曲　词曲学(参见)

中国文字　文字学(参见)

田税　税务(参见)

田径运动　运动(参见)

唱歌　参见　音乐

国耻　外交失败史(见)

国技　剑术(见)

国技　拳技(见)

国语　白语文(见)

国音字母　注音字母(见)

国防　参见　空防

国际政治　政治(参见)

国际审判　审判(参见)

国际劳工局　劳动问题(参见)

国际条约　条约(参见)

国际贸易　参见　贸易

国际贸易　国外贸易(见)

国际问题　参见　满蒙问题

战争　军事学(参见)

农村调查　社会调查(参见)

农林学　见　森林学

农业——中国　实业(参见)

农业政策　经济政策(参见)

农业教育　乡村教育(参见)

农具　农业学(参见)

农产　农业学(参见)

罢工　革命运动(参见)

体操　用器操(见)

体操　运动(参见)

体操　室内体操(见)

体操　徒手操(见)

体操　柔软体操(见)

110 页　代数之后漏学字,几何之后
　　　　漏学字

112 页　继承之后漏去法字

第六节 注释者卡编制规则

(一)将书之原文加以解释者谓之注,如黄节注曹子建诗,傅东华笺注陶渊明诗,赵歧注孟子,徐铉等补注说文解字,郑玄笺注毛诗,范宁集解春秋谷梁传,何休解诂春秋公羊经传等是。

(二)凡有注释之书,应制注释者卡,并须于著者卡,书名卡,标题卡………等注明某人注,其写法见前章。

(三)不知原著者之旧籍,或原著者尚未确定证实为谁者,则以注释者写于著者位置,如郭璞注穆天子传,山海经;则以郭璞写于第一行第一直线内。

第七节 丛书卡编制规则

萃群书而汇为一编者,谓之丛书。古者无辑录群书者,自唐陆龟蒙自名其诗文曰笠泽丛书,丛书二字始见于此;然此时所谓丛书者,不过诗文集之别称耳。至宋宁宗时,太学生俞鼎孙集石林燕语辨七种,刊为儒学警悟四十卷,实为丛书之所昉;至明遂有汉魏丛书,唐宋丛书,格致丛书诸刻;至清则有卢见曾之雅雨堂丛书,鲍廷博之知不足斋丛书,毕沅之经训堂丛书,周永年之贷园丛书,黄丕烈之士礼居丛书,钱熙祚之守山阁丛书,蒋光煦之别下斋丛书。搜寄集胜,流播艺林者,指不胜屈矣。

丛书因形式与钉装关系须合置一处,不能将丛书内所包含各书作单行本编目者则须编总目与分析目录,书架目录三种。

总目者何? 即丛书编者卡,书名卡,标题卡是。分析目录者何? 即丛书内所包含各书之著者书名标题等分析目录是,兹以万

125

有文库为例,其应编之卡如下:

1. 丛书编者卡

082	王	云五编
21 年		万 有 文 库 第 一 集　　上 海 商 务　　十 九 十 月　　第 一 期 四 〇 二 册 细 目 见 书 名 卡 　　　　　　　　　　〇

2. 丛书书名卡

082		万 有 文 库 第 一 集　　上 海 商 务　　十 九
21	王	年 十 月　　第 一 期 四 〇 二 册 云 五 编 细　目: 　书 目 答 问 张 之 洞 二 册 四 库 全 书 总 目 提 要 永 溶 等 四 十 册 图 书 馆 学 概 论 杜 定 友 　　　　　　〇

3. 丛书标题目录

082		丛书——中国——民国(红字)
21	王	云五编
		万　有　文　库　第　一　集　　　上　海
	商	务　　十　九　年　　第　一　期　四　○　二　册
		○

4. 书架目录

082	王	云五编
21		万 有 文 库 第 一 集　 上 海 商 务　 十
	九	年 十 月 第 一 期 四 ○ 二 册
1.403		
		○

5. 著者分析目录

082	王	孝　通
21 353		中 国 商 业 小 史 （ 见 万 有 文 库 第 一 集 第 三 五 三 种 ） ◯

著者分析目录背面须写标题索引。

6. 书名分析目录

082		中国商业小史
21 353	王	孝　通 （ 见 万 有 文 库 第 一 集 第 三 五 三 种 ） ◯

7. 标题分析目录

082		商业——历史——中国(红字)
21 353	王	孝　通 中 国 商 业 小 史 （ 见 万 有 文 库 第 一 集 第 三 五 三 种 ） ○

丛书中各书性质不相同,而钉装形式又复不一致,则可分散作单行本看待,分别编制各种著者,书名,标题……等目录,例如文学研究会丛书中一叶,一书,须编下列各卡:

著者卡

827.08	王	统　照
21	二	一 叶　四 版　上 海 商 务　十 五 年 月　平 装　一 〇 五 页 （ 文 学 研 究 会 丛 书 ） ○

书名卡

827.08		一叶 四版 上海 商务　　十五年
21	王	二月　平装　一〇五页 统　照 （文学研究会丛书） 〇

标题卡

827.08		中国小说——民国（红字）
21	王	统　照 一叶 四版 上海 商务　　十 五 年 （文学研究会丛书） 〇

丛书卡

827.08		文 学 研 究 会 丛 书
21	王	统 照 一 叶 四 版　　上 海 商 务　　十 五 年 　　　　　　○

书架目录

287.08	王	统 照
21 二 1021		一 叶 四 版　　上 海 商 务　　十 五 年 月 平 装 一 〇 五 页 八 角 （ 文 学 研 究 会 丛 书 ） 　　　　　　○

131

第八节　书架目录编制规则

（一）书架目录存于编目室中以便编目者之参考。

（二）书架目录之排列，是依书码之顺序，与书籍排列于书架之次序相同。

（三）每书必须编一书架目录，但复本则不须再编各种书名著者等目录，只须在书架目录写多一登记号数及注明"复一"或"复二"字样于附注栏内即可，例如：

827.08	王	独清
21.16.	装	暗　云　　　上　海　光　明　　二　十　年　一　月　平 ８　０　页　　　　二　角　五　分 －复－
200394 200763		

（四）每编一书，必须校对书架目录，如书码与别书完全相同时，则须附加号码于著者号码下，其附加方法，可参阅杜定友著者号码编制法。

第九节　参考卡编制规则

（一）参考卡，包含见卡及参见卡，专载关于参考事项。

（二）参考卡无书码。

（三）如书有别名,著作人有别号,字有别写,须用见卡以指引之。

（四）参见卡多用于标题方面,凡类名种类相近,可互相参考者,须用参见卡。

（五）见卡与参见卡之写法,编制法见标题卡编制法一章。

第三章　编目方法

第一节　编目时注意之点

1. 目录格式划一　目录卡片上所载各项之详略,可由编目者酌量情形而增删之,非一成不变者也。但各卡载各项及其写法,一经决定,则自后永远沿用,不能随时更改。

2. 卡片整洁　目录所以便阅者之检查,故目录卡片有污渍时,即须擦去净尽,或另行书写。

3. 卡片大小一律　图书目录卡片,必须大小一律,高三寸,宽五寸,不能稍有差异,否则排叠时,高低不齐,难于检阅。

4. 字体齐整　卡片编制后,须用百数十年,供无数读者之检阅,故所书字体,须清楚齐整而正确,不容稍有糊涂与差误。所书字体,须用正楷,如能用宋体字更佳,每字大小距离,亦须一律。外国图书馆学校,设有书法一科,以为学生之研究与实习,美国图书馆协会更规定一种图书馆字体(Library Handwriting),其式样如下:

```
A  B  C  D  E  F  G  H  I  J
K  L  M  N  O  P  Q  R  S
T  U  V  W  X  Y  Z
a  b  c  d  e  f  g  h  i  j  k  l  m  n
o  p  q  r  s  t  u  v  w  x  y  z
1  2  3  4  5  6  7  8  9  0
```

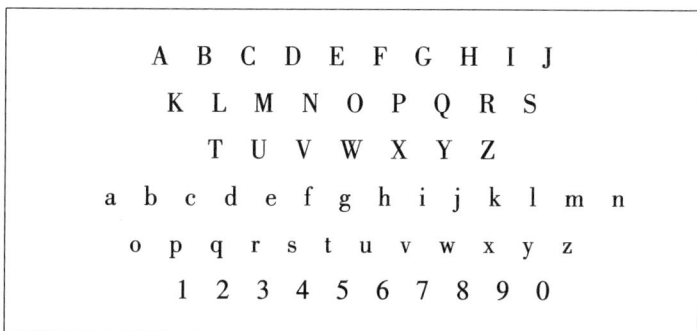

目录卡片为坚硬洋纸所制,光滑异常,若用毛笔蘸墨书写,殊觉困难,且易为手汗揩污,故写卡时最好用钢笔书写。笔嘴以 Waverley 一种为佳,因此种笔嘴可使字画,粗幼一律也。墨水以 Carter's Kodol black ink 为好,犀飞利公司之黑墨水亦可。

第二节　编目手续

1.每编一书,须先拟目录稿纸一张,记载下列各事项:

(一)书码(二)登记号数(写在书码下四行)(三)著译者(四)书名(五)译者(六)出版事项(七)印刷事项(八)附注细目(九)标题(写在登记号码之下四行)

2.西文标题,以 L.C.标题表为标准,中文则自行编制,或采用本书所列之标题表亦可。

3.如某书须编制"见"卡"参见"卡及分析卡者,须注明稿上。

4.再拟一书架目录稿纸一张,记载下列各事项,(一)书码(二)登记号数(三)著者(四)书名。

5.查书架目录,如号码冲突时,即在著者号码附加符号,然后排书架目录稿纸于箱中。

6.将稿夹在书内,稿之格式如下:

837	哈	代(英)
308	上	哈 代 短 篇 小 说 选　　顾 仲 彝 译 海 开 明 十 九 年 十 一 月 平 装 ２０１ 页 原著者:Hardy,Thomas. 原书名:Short stories of Thomas Hardy. 细　目: 　三怪客
13021		◯　　　　　　　　　　　　　见下卡

837	哈代短篇小说选		第二卡
308		可敬爱的萝女拉 错过了的姻缘 同乡朋友	
英国小说		◯	哈 提（Hardy, Thomas） 　　见 哈 代（Hardy, Thomas）

136

837	哈	代(英)
308		哈 代 短 篇 小 说 选　　　顾 仲 彝 译
13021		○

7.写书码于里书标(又名书识)上,或用打字机打亦可。式如下页图一。

8.照稿抄卡　(a)著者卡(写索引于卡后)(b)书名卡(c)类名卡(d)书架目录(e)分析卡(f)丛书卡(g)编者,译者,注释者卡(h)见卡(i)参见卡(j)书卡

9.将抄就各卡连同书袋及原稿夹在书内。

10.标目

a.用铅字粒印书码于圆书标上,用不脱色之墨水写亦可。式如下页图二。

b.所印之字干后,涂以 Shellac 油,以免号码糊涂。

c.贴书标于书脊上,其位置在书脚一寸半上。如书籍薄者,则贴于书角上(横行书,贴书底页上;直行书,贴封面上)。古书如卧排者,则贴在书面页右下角上,离书脚一寸半。

d.贴书袋于书底页内面。

11.校对

a.将名卡片上应载事项与原稿校对清楚,如有错误,即须更正,否则将来发觉改编时,手续不胜其烦。

b.将里书标,外书标之号码与原稿校对。

C.书卡(借书时用,其式如图三。)

D.书袋(用以袋书卡及借书日期纸,其式如图四。)

图一

图二

827.08 21	一叶	十五年

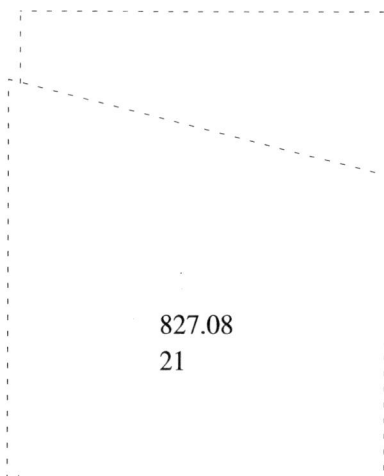

827.08
21

PE1117 W95	Introductory lessons to English literature 1929.	

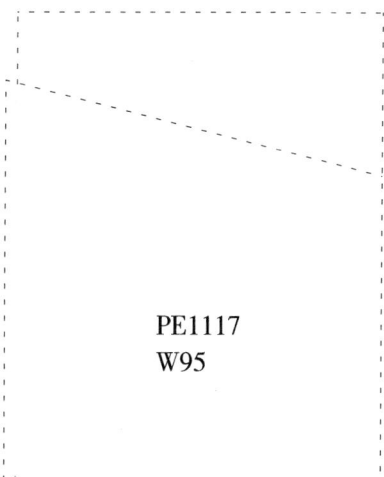

PE1117
W95

图三

图四

12.将各种目录贮起,以备排入字典式目录中(卡片排叠法详后)。

13.将书架目录排于书架目录箱内,抽回原稿。

14.将书卡插在书袋内。

15.将书送往书库备借,或送往阅览室展览一星期,然后送返书库。

第四章　目录排叠法

部首检字法用以排列图书目录卡片之不适宜,经已无可讳言矣。因而发明检字法以应此需求者,遂有王云五之四角号码检字法,杜定友之汉字排列法及汉字形位排检法,陈德芸之七笔检字法,万国鼎之汉字母笔检字法,陆费达之四笔计数检字法等等,层出不穷,不下数十种,然不须经过训练而可使阅者检查者,则推杜定友之汉字排列法,故图书馆目录卡片之排列,颇适用之,汉字排列之方法,大约如下:

汉字之排列,是以字之画数的多寡为顺序,画数少者在前,多者在后,如"王"字四画,应排在"李"字七画之前;"政"字九画,应排在"陳"字十一画之先,如画数相同,则以、一丨丿等笔法分先后,笔法表列后:

附笔法次序表

大　纲	首　笔	附　笔
(1)(、)点 (2)(一)		
		(3)(⌒)横趯
	(4)(⌐)横直	
	(5)(⌐)横钩 (⌐同)	
	(6)(⌒)横湾	
	(7)(⌐)横撇 (⌐同)	
(8)(丨)直		
	(9)(∟)直横	
		(10)(丨)直趯 (11)(⌐)直折
	(12)(丿)直钩	
		(13)(丿)直曲 (14)(∟)直湾 (∟丶同)
(15)(丿)撇 (丿同)		
	(16)(〈)撇点 (17)(∠)撇横	
		(18)(丶捺)

　　如"江""百""光""朱"四字,是同六画,则"江"字之起笔为、,应排在"百"字之前,因"百"字为一画起,"百"字应排在"光"字之前,因"光"字为丨起,"朱"字为丿起,应排最后。

　　同画数而起笔,又第一笔相同者,则以第二笔分次序,如"江""交""米"三字,同是六画、起,则以第二笔分,"江"字第二笔为、,

142

"交"字第二笔为一,"米"字第二笔为丿,则此三字之次序应:

(1)江(2)交(3)米。

如第二笔相同者,则以第三笔第四笔分。

如卡片或词句,用此法以排列,则第一字笔画完全相同时,以第二字分,第二字相同,以第三字分,例如现有三个姓名:

(一)叶天一(二)叶圣陶(三)叶作舟

第一字同是叶,则以第二字"天""圣""作"三字画数分先后,其次序为:

(一)叶天一(二)叶作舟(三)叶圣陶

以上所述,乃汉字排列法之大纲,如读者欲知其详,可参阅杜定友先生原著汉字排列法,上海图书馆协会出版,商务代售,定价二角。

目录卡片之排列,首须选定排字法,编目者既经决定采用何种排字法后,即可依照下列目录排叠法,将各种目录——著者,书名,标题,译者,编者,注者,………卡片排列,以备阅者检阅。

目录卡片排叠规则

(一)书名卡以书名之笔画排列,书名完全相同者,以著者分。

(二)书名之后,有年代或号数者,以年代及号数之顺序分,不论笔画,如:

a. 民国法规第一集。

　民国法规第二集。

　民国法规第三集。

b. 青岛节候表(民国十九年)

　青岛节候表(民国二十年)

　青岛节候表(民国廿一年)

(三)书名相同,以原著者分,原著者相同,以译者分先后。

(四)著者卡以著者之姓名笔画排列。

(五)如同姓名而非同一著者,则以著者之时代分先后。

（六）无姓名之著者卡，则以其别名排列，如别名别号均缺，则以书名分次第。

（七）同一著者之目录，以书名分先后。

（八）单独个人著作之卡，排在与人合著之卡前，译者注者同此例。

（九）著者之学位衔头，不以之为排列之次序。

（十）双姓名者排在同第一字单姓之后。

（十一）凡注译，考证，批评，大纲等，均排在原书之后。

（十二）标题目录，以标题之笔画分次序。

（十三）标题相同，以细题笔画分，但细题为朝代者，则以朝代之顺序分，如：

a.（一）经济学——原理

（二）经济学——历史

b.（壹）教育状况——中国——明

（贰）教育状况——中国——清

（十四）标题之有细题者，排在与标题相同，而下一字不同之卡前面，如：

（一）文学——评论

（二）文学——历史

（三）文学大纲

（四）文学批评

（十五）"见"卡"参见"卡排在同样标题卡或著者卡之后，如

（一）经济学

（二）经济学　参见　资本

（三）经济学　参见　价值

西文卡片排叠法

西文卡片之排列，是以 a b c d 等廿六字母为次序，其排叠规则有下列数十条：

ARRANGEMENT OF ENTRIES IN A DICTIONARY CATALOGUE.

General Rules:

1. The order of arrangement to be followed in a dictionary catalogue is that of the English alphabet.

2. Nothing always precedes something.

3. The shorter word or entry precedes the longer.

Special Rules:

1. Initial articles are usually disregarded in filing. In all other places or when they form a part of name at the beginning of a heading or title, as La France, La Vassiere, etc. , they are filed as written.

2. A few initial abbreviations, as R. for Royal, I for Imperial, K. for Kaiserlick or Koniglich, are disregarded in filing, though these words spelled out, are filed as written.

3. Proper names beginning with M´, Mc, St. , and Ste. , are arranged as if spelled out Mae, Saint, and Sainte.

> Note:—"Because they are pronounced. But L´ is not arranged as La or Le, nor O´ as if it stood for Of, because they are not so pronounced. ' – Cutter.

4. Other abbreviations are arranged as if spelled out.

5. Elisions, or contractions, are arranged as written.

> Note;—The French d´ and L´ when not forming parts of names are arranged as written (d´ and l´) and are not to be treated as parts of the following words.

6. De, La, Le, L; and O´, at the beginning of proper names, are arranged as if joined to the following words.

7. The possessive case is arranged with the plural, as (1) Boys´ and Girls´ books. (2) Boy's King Arthur. (3) Boys of to day.

8. Numerals in titles are arranged as if spelled out in the lan-

guage of the rest of the title, except when indicating place in a series. Numerals beginning a title before such words, as Report, Annual report, etc. , are disregarded, In all other cases where numbers indicate place in a series, the entries are filed numerically or chronologically, as the case may be, instead of alphabetically.

    e. g. (1) Labor and laboring classes – 1914.

     (2) Labor and laboring classes – France.

  9. In filing, the Spanish – ch and ll are arranged as in words of other languages, not as in the Spanish dictionary. The Spanish nis arranged as ny.

  10. The German ä and the German and Hungarian ö and ü are arrangedas ae, oe, and ue, not as a, o, and u.

  11. The Scandivanvian a, a, ae, o, and are arranged as aa, ae and oe, not at the end of the alphabet, as is done in Swedish and Danish dictionaries.

  12. I and j, u and v are filled as separate letters. Ij, although e-quivalent to y, at least in the older Dutch names, is arranged as written.

  13. For transliteration of Russian, Greek, and Slavic words see American Library Association Catalog Rules, pp. 72 – 73.

  14. When the same word serves for several kinds of heading, the following order is observed:

    I . (1) Person, as author.

     (2) Person, as subject.

     (3) Places, as author.

     (4) Place, as subject.

     (5) Subject (except person or place) , title, etc, or in a simple form.

Ⅱ. (1)Person, as author and subject.

(2)Place, as author and subject.

(3)Thing, (subject, title, etc.)

Examples:

Ⅰ. (1)Homes, H. A.   (author)

(2)Homes, H. A.   (subject)

(3)Homes, Iowa.   (author)

(4)Homes, Iowa.   (subject)

(5)Homes   (subject)

(6)Homes, and shrines   (title)

Ⅱ. (1)London, Jack.   (person)

(2)London,   (place)

(3)London, bridge.   (thing)

Note:—"Arrangement must be arbitrary. This order is easy to remember, because it follows the course of cataloguing; we put down first the author, then the title. The subject, expressed sometimes in more than one word, and the title, almost always having more than one word, must be arranged among themselves by the usual rules. Of course the person considered as subject can not be separated from the person as author······················"—Cutter.

15. Names slightly different in spelling, as Brown, Browne, Abbot, Abbott, Abot, are arranged in different alphabets, exactly as spelled.

16. Forenames used as headings precede surnames.

17. When surnames are the same, arrange by forenames.

18. Surnames standing alone precede surnames with initials, and

those, in turn, precede surnames with forenames.

19. When both surnames and forenames are the same, the arrangement is chronological, the earlier date preceding the later. Undated names precede datednames.

20. In filing, prefixes, as Sir, Mrs. , Dr. , Bp. , etc. , and suffixes as F. R. S. m D. D. , etc. , are usually disregarded. Undated names, identical in form, may be arranged alphabetically by prefixes, suffixes, or descriptive words or phrases, as comp. , or Bedford, etc. , for grouping. Greek and Latin personal names are arranged by their patronymics or other appellatives. Hungarian names appear on the title page as in the catalogue, i. e. , the surname first, followed by the forename, e. g. Evotvos (surname) Josef (forename).

21. When a name appears without any distinguishing mark, with a phrase, and again with a date, the order is as follows: (1) Name alone, (2) Name followed by the phrase, (3) name followed by the date, e. g. (1) Brown, John, (2) Brown, John of Bedford, (3) Brown, John, 1806 – 1856.

22. Names of firms follow all other entries under the same surname, but precede compound names beginning this name. When the firm names are composed of a surname preceded by initials, or by forenames inverted as in simple personal names, they are arranged alphabetically and placed in front of other firm names.

23. Signs used as headings are placed before the first entry under the letter A. and are arranged according to the complexity of the signs, i. e. a dot is placed before a line, a line before a star, etc.

24. Incomplete names are arranged by letters. When the same letters are followed by different signs, if there are no forenames, the arrangement follows the complexity of the signs, but if there are fore-

148

names or initials the arrangement follows these, without regard to differences in the signs.

25. Pseudonyms are placed after the corresponding real names.

26. Forenames like Charles, Henry, etc. , used as heading, when very numerous are divided into classes in the following order:

> (1)   Saints, subarranged by their usual appellatives.
>
> (2)   Popes, subarranged by number.
>
> (3)   Emperors, Kings, princes, and noblemen, subarranged in alphabetical order of countries and under countries numerically.
>
> (4)   Other persons, subarranged by their usual appellative, neglecting the prepositions, e. g. Thomas de Insula and Thomas Insulanue are arranged together.

27. A nobleman's title, under which entry is made, and the name of a bishop's see, from which reference is made to the family name, are arranged among the personal names, not with the places.

28. When the same word as name of a place applies to city, state, country, etc. , arrangement is as follows:

> (1)   City, (2) Country, (3) Province, (4) State, (5) Country, (6) All other in one alphabet, with chronological sub – arrangement for all following the changes in form of government, as Territory, State, etc. Under each heading, the subdivisions are arranged alphabetically and under each subdivision, titles are similarly arranged.

Note : In place names, for countries where frequent changes in form of government have taken place, it is well to file reference cards, showing the different forms with inclusive dates

149

for each form.

29. When more than one city, state, etc. , has the same name, as Cairo, Egypt and Cairo, Illinois, subarrange alphabetically by country or state, whether or not name of country or state appears on the card. In making cards, it is better, in such cases, togive name of country or state.

30. Hyphenated words are usually arranged as if printed as two words, Exception: – Compounds of "books" and "anti" are arranged as if written in one word, A few words are written sometimes as one word, sometime hyphenated, and sometimes as two words, e. g. headman (Webster´s dictionary) head – man (Century dictionary) head man, Fitz – Gerald, FitzGerald, Fitz – Gerald, Fitz Gerald. In all cases where the one – word form appears, it is filed as one word and other forms are arrangedas if written on the same way.

31. Compound names of persons, with or without the hyphen, are filed after all simple forms of the first part, and before the next longer word, or simple form used other than as author.

32. English personal and place names compounded with prefixes, are arranged as simple words. Foreign names in which the prefixes are not transposed in making the cards, are arranged in the same way.

> Note :—"This is the universal custom, founded on the fact that a very large part of the personal names beginning with prefixes are commonly printed as one word. It would, of course, be wrong to have De Land in one place and Deland in another. " – Cutter.

33. Compound names of places, other than those beginning with prefixes, are arranged as separate words.

34. Compound names of societies are arranged as separate words.

35. All the words of one author are arranged together, alphabetically by title.

36. In arranging title, take account of every word, including prepositions and articles, except initial articles in the beginning of the title.

37. Two titles having the same wording are arranged by the imprint date, the earlier first.

38. Different editions of a work are arranged chronologically, the latest first.

39. Analyicals, when there are several form the same articles, are arranged chronologically, as being different editions.

40. Cards for a work published independently and as part of another work are arranged in probable order of publication as editions.

41. Extracts come immediately after the form from which they are taken.

42. Official publications of cities, states, countries, etc. , precede other heading containing the same wording. No difference beyond this, is made in filing official headings. Observe always that undated and unnumbered entries, as Congresses, precede those that are dated or numbered, just as undated names precede those that have dates.

43. Subdivisions of a given subject heading follow the heading, undivided arranged alphabetically, and precede the next longer heading.

Examples:

(1) India – Army.
India – Sanitary affairs,
Indiarubber.
(2) Sugar.

> Sugar – Statistics,
>
> Sugar; its culture and manufacture,
>
> Sugar, eatable,
>
> Sugar at a glance,
>
> Sugar best – Varieties,
>
> Sugar best – crown borer,
>
> Sugar cane,
>
> Sugar machinery,
>
> Sugar manufacture and refining,
>
> Sugaring off.

44. Under countries, subdivisions are arranged as under any other group.

45. A reference card (see card) should be filed in the place which the card would occupy, if the form of entry from which reference is made were used. A cross reference card (see also card) follow all cards having exactly the same entry form. An explanatory reference card precede all other entries of the same form.

46. Hebrew titles, or other titles which are not readily transliterated, may be arranged, without alphabeting, after all other titles of works by the same author.

....

"It is not well to demand thought from those who use the catalog if it can be avoided. " – Cutter.

But—

One can not have a condensed catalog without obliging the reader to learn bowto use it. " – Cutter.

"Above all, when the cards are written, the librarian should see that they are correctly filed, never permitting another to do that work

152

her inspection afterward until accuracy is assured.

Alphabeting, at casual thought, seems as easy task which any one who knows the order of his letters ought to do without difficulties. From personal experience, the writer has not hasitation in saying that more good catalog work can be rendered by incorrect alphabeting than by any other one thing. Errors here mean that the name or title or subject sought will be lost utterly because out of place. "—Crawford.

"A carelessly alphabetized catalog is not of much use, as the cards wrongly filed and thus hidden will do you no more good than if they were not there; and the result will be that you will tell the borrower or he will conclude for himself that the particular book or subject he wants is not contained in your library. "—Hitcher.

·

ARTICLES

Anglo – Saxon··· ··· ··· ··· ··· ··· ···Se	
Arabic··· ··· ··· ··· ··· ··· ··· ··· Al (1)	
Danish – Norwegian – Swedish ···	Den, det, de, en, et, ett.
Dutch ··· ··· ··· ··· ··· ··· ··· ··· De, Het, ' t, een, eene.	
English··· ··· ··· ··· ··· ··· ··· ··· A, An, the.	
French ··· ··· ··· ··· ··· ··· ··· ···Le, la, L' (for le and la before words beginning with vowels or with h mute), les, un, une.	
German··· ··· ··· ··· ··· ··· ··· ··· Der, (2) die, das, des, dem, den ein, eine, eines, einer,	

153

							einem, einen.

Hungarian··· ··· ··· ··· ··· ··· ··· Az, a, egy, – ? (je-
den, jedno, jedna,
jedna, ten, ta,
to).

Ibanag ··· ··· ··· ··· ··· ··· ··· ··· Tadday, ya.

Ilocano··· ··· ··· ··· ··· ··· ··· ··· Maysa, iti, ti.

Italian ··· ··· ··· ··· ··· ··· ··· ···l, lo, i, gli, gl' la, le, l'
uno un, una, un.

Portuguese ··· ··· ··· ··· ··· ··· ··· o, a. os, as, um umn.

Spanish··· ··· ··· ··· ··· ··· ··· ··· El, lo, la, los, las, un,
una.

Tagalog··· ··· ··· ··· ··· ··· ··· ··· Isang, ang, mga.

(1) The Arabic articles al (or the assimilated forms ad – , ar – ,
as – , ar – , az – . if used ÷) though joined by a hyphen to the name or
word following (almostatraf, al Ghezzali ÷) is to be disregarded in al-
phabeting.

(2) When it is the masculine article in the nominative case.

In Hebrew disregard ha, he (Ha – swfer, He – harim) ; in Yid-
dish der, di, dos.

Order:—

Person, place, subject, form and title.

Forenames used as headings precede surnames.

Headings when numerous are divided; Saints, popes, em-
perors,

Kings, princes, noblemen, etc.

Arrange proper names beginning M. Mc. St. , Ste. , as if
spelled Mac, Saint, Sainte.

154

Forenames when surname is same.

When forenames are same arrange chronologically.

Possessive case singular arrange with plural.

Arrange Greek and Latin personal names by their appellatives.

Arrange English personal names compounded with prefixes as single words; also foreign if not transposed.

Arrange personal names compounded of two names with or without a hyphen after the first name but before the next long word.

Compound names of places as separate words.

Compound names of societies as separate words.

Arrange as single words compound words which are printed as one.

Hyphened words as if separate.

Pseudonyms after corresponding real name.

Incomplete names by the letters. If same letters are followed by signs and no forenames arrange by complexity of signs, If there are forenames arrange by them.

Signs in front of regular alphabet.

When a name appears without a distinguishing mark, with a phrase and again with a date, arrange the name "alone" first, and then the phrase and then the date.

    Example: Brown, John.

        Brown, John of Bedford.

        Brown, John, 1806 – 1858.

Arrangement of title is word of word. (But not transposed article).

Numerals as if written out.

Abbreviations as if spelled in full, Ex. Dr. , ed. . Doctor, Editor.

Elisions as they are printed, Ex. Who'd be a king,

Who killed cock robin,

Who's to blame?

The French d' and l' are not to be treated as part of the following word.

Under author,

Complete works

Extracts

Single works } or alphabetic.

Works about him

Note;—Our from follows arrangement of title entry above.

Two title same words, arrange by date of imprint.

Different editions chronologically. Undated editions preceding.

Disregard numerals before report, account, etc.

Analyticals of same article chronologically.

Part and whole chronologically.

中西目录卡片,均可用下列之排字盘分别排列,其法先将各种目录分画数,如一画者,放在盘内第一格,二画者放在盘内第二格,三画者放在盘内第三格,余照此类推,画数分后,再取同画数之卡分笔法,起笔者,将该卡竖起放在第一格,一起笔者,亦将卡竖起放在第二格,余类推。将所有之卡在排字盘排顺次序,即依次排于目录箱中。

排字盘式样

排字盘以轻木制成,每格以木片间之,先以坚韧之白纸写字之

画数,笔法,字母,然后涂以 Spellac 油,以免模糊,写后,黏于排字盘之木片上。其式如下:

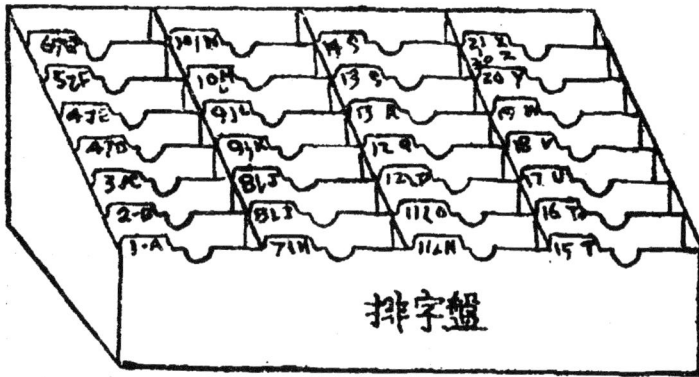

第五章　定期刊物编目法

第一节　杂志编目法

杂志在出版界中,占有重要之位置,盖杂志按月或依一定之时期出版,故所记载材料,多属精简而新颖,如文学之新创作,科学界之新发现,教育界之设施,经济社会的状况,哲学上的新学说,均先载于杂志。此种材料见于杂志后数月或一年,然后有专书出版,故研究新学术者,杂志实为不可缺之工具。

杂志之贡献于学术界如是其大,图书馆应如何使此新颖材料得以充分供给阅者,为其最大之任务。欲完成此种任务,必须编制目录与索引。

杂志,周刊,日报各刊物之性质与书籍不同,所以登记编目,亦与书籍之登记编目有异。依图书馆之习惯,杂志每卷钉装成册,然后正式登记,编入目录,但未正式登记之前,亦应有一种纪载,以便查检考核,所以杂志到馆,先行填写登记卡。登记卡应载之事项如下:

1.书码　按杂志之性质,先编一分类号码,再以杂志名称第一字之画数作著者号码。因杂志之编者,既随时更动,则不宜以编者之姓名作著者码也。如商务书馆所出版之东方杂志,其书码为 P/052/8。P 即 Periodicals 之缩写,加此字母以别于普通书籍,052 为杂志之分类号码,8 为东方杂志"东"字之画数,用作著者号码,如书码与别本杂志相同时,则在著者码后附加出版机关第一字之画数。例如图书馆已有商务书馆出版之教育杂志,其书码为 P/205.2/11,现续到国立暨南大学教育学院出版之教育季刊其书码应为 P/205.2/11.11.附加 11.(国字画数)于著者码后。

2.杂志名称　写在第一红线上。

3.年份　杂志出版年份以阿拉伯数字写。

4.卷数　注明杂志几卷,须用罗马字写。

5.期数　用阿拉伯数字注明第几期于月份之下。如二月份某杂志出版第二期,则于二月份下写"2"字。

6.备注　杂志如认为有保存价值者,即须依杂志之厚薄,分别按季按年,或半年合钉,如已钉装者,即在备注栏注明"已钉"二字,杂志钉装后,须在书脊上,离脚一寸半,黏贴书标,以便排检。

7.杂志属于半月刊月刊或周刊应注明卡左下角。

8.订费若干须注明卡左下角。

9.出版处须注明卡右下角。

10.购订机关,所定杂志起讫年月期数,均须注明卡之背后,卡之式样如下:

杂志登记卡正面(月刊)

P 205.2. 11	广州大学图书馆杂志登记卡
	教育杂志　周予同编

年	卷数	一月	二月	三月	四月	五月	六月	七月	八月	九月	十月	十一月	十二月	备注
20	XXIII		2											

月刊
订费1.50元　　　　　　　○　　　　出版处:上海:商务

杂志登记卡背面(月刊)

年	购订机关	起				讫				定价	备注
		月	日	卷	期	月	日	卷	期		
20	广州:商务	1		XXⅢ	1	12		XXⅢ	12	1.50	

杂志登记卡正面(季刊)

P
205.2.　　　　广州大学图书馆杂志登记卡
11.11　　　　　教 育 季 刊　　国立暨南大学教育学院编

年	卷数	一月	二月	三月	四月	五月	六月	七月	八月	九月	十月	十一月	十二月	备注
20	I				2									

季刊　　　　　　　　　　　　　　　出版处:上海:国立暨南大
订费8元　　　　　　　　　　　　　学教育学院

160

杂志登记卡背面(季刊)

年	购订机关	起				讫				定价	备注
		月	日	卷	期	月	日	卷	期		
20	国立暨南大学教育学院	1		I	2	12		II	3	8元	

杂志登记卡正面(周刊)

P 228.5		广州大学图书馆杂志登记卡												
13		厦 大 周 刊				厦门大学周刊部编								
年	卷数	一月	二月	三月	四月	五月	六月	七月	八月	九月	十月	十一月	十二月	备注
20	XI											6 8	7 9	10 11

订期　九卷五期至十二卷四期　　　　出版处　同编者

订费　1.00

上列杂志登记卡,依杂志名称笔画排列,另多写此种登记卡一

161

张,依书码排列,以免号码相同。

西文杂志之登记分类,与中文同,但著者码略有差异,西文杂志之著者码用杂志名每字之第一字母组合而成。如 Popular Science 其著者码为 PS.

西文杂志登记卡之式样如下:

正面

P 058	广州大学图书馆杂志登记卡												
CH	Current History												
年	卷数	一月	二月	三月	四月	五月	六月	七月	八月	九月	十月	十一月	十二月	备注
1932	XXXV		4										

monthly 刊
订费 G＄3.75 元

○

出版处:Io Ferry Street,Concord, N. Y. Current History Pub. Office.

背面

○

年	购订机关	起				讫				定价	备注
		月	日	卷	期	月	日	卷	期		
1932	与出版处同	1		XXXV	1	12		XXXV	12		

杂志钉装后,即行正式登记,给以登记号码,登记后,即编制目录三张,(一)书名目录,(二)类名目录,(三)排架目录,编者目录,可不必编制,因杂志编者,常有更动也。兹将上列三种目录列下:

(一)书名目录

P 205.2		教育杂志　上海商务
11		民 十 七 年 ⅩⅩ 卷　　1 - 1 2 期 民 十 八 年 ⅩⅪ 卷　　1 - 1 2 期 民 十 九 年 ⅩⅫ 卷　　1 - 1 2 期 〇

(二)类名目录

P 205.2		教育学—杂志(红字)
11		教 育 杂 志　　　上 海 商 务 民 十 七 年 ⅩⅩ 卷　　1 - 1 2 期 民 十 八 年 ⅩⅪ 卷　　1 - 1 2 期 民 十 九 年 ⅩⅫ 卷　　1 - 1 2 期 〇

（三）排架目录

P 205.2		教育杂志　上海商务
11		民 十 七 年 ＸＸ 卷　　1 － 1 2 期 民 十 八 年 ＸＸⅪ 卷　　1 － 1 2 期 民 十 九 年 ＸＸⅫ 卷　　1 － 1 2 期
2001 2931 3810		

类名目录,书名目录二种,与图书目录混合排列于同一目录箱固可,另制一杂志目录箱,与图书目录分排亦可。

排架目录则依号码排于编目室中,以备编目者之参考。

又杂志暂行登记时,不给以分类号码著者号码,则排列于展览架时,西文可依杂志名称之字母排列,中文依笔画排列,俟该杂志汇钉并正式登记后,然后分类编目亦可。

西文杂志目录卡

书名目录

P	
058	Current history
CH	1932　ＸⅩⅩⅤ　1 － 12
	1933　ＸⅩⅩⅥ1　1 － 12

类名目录

```
┌─────────────────────────────────────────────────────────────────┐
│ P          MAGAZIN. E.                                            │
│ 058                                                               │
│ CH         Current history                                        │
│            1932    X X X V    1 – 12                              │
│            1933    X X X Ⅵ    1 – 12                             │
│                                                                   │
│                                                                   │
│                              ◯                                   │
└─────────────────────────────────────────────────────────────────┘
```

排架目录

```
┌─────────────────────────────────────────────────────────────────┐
│ P                                                                 │
│ 058        Current history                                        │
│ CH                                                                │
│            1932    X X X V    1 – 12                              │
│            1933    X X X Ⅵ    1 – 12                             │
│                                                                   │
│ 135                                                               │
│ 271                                                               │
│                              ◯                                   │
└─────────────────────────────────────────────────────────────────┘
```

　　西文杂志书名类名目录编竣后，可依字母排列于目录箱中，以备阅者之检查，排架目录，排于编目录室中，以备编目者之参考。

杂志索引法

　　杂志编制目录后，只能使人知本馆有何杂志而已，至于杂志内之材料，有价值之论文，未能全部表现出来，供阅者之利用，故必须编制杂志索引以利检查，杂志索引者何，即将杂志中之重要论文编制篇名,著者,标题等目录,用一定的方法排列其次序,并表明其在某杂志内某卷某号者也。由此定义观察,可知杂志索引之功效,在使杂志之内容汇合,使吾人由检字方法得到所需材料;故索引对于杂志功用,有如图书目录对于图书馆内各书之功用也。兹以国立暨南大学教育学院所出版之教育季刊第一卷第四期为例,编制论文索引如下:

著 者 索 引

P 205.2	黄	敬思
11.11 I.04		四 年 来 中 国 乡 村 教 育 （见 教 育 季 刊 第 一 卷 第 四 期） ○

篇 名 索 引

P 205.2		四年来中国乡村教育
11.11 I.04	黄	敬 思 （见 教 育 季 刊 第 一 卷 第 四 期） ○

类名索引

P 205.2		乡村教育——中国(红字)
11.11 I.04	黄	敬　思 四　年　来　中　国　乡　村　教　育 （见 教 育 季 刊 第 一 卷 第 四 期）

著者索引

P 205.2	曹	刍
11.11 I.04		四　年　来　中　国　小　学　教　育 （见 教 育 季 刊 第 一 卷 第 四 期）

篇名索引

P 205.2		四年来中国小学教育
11.11 1.4	曹	刍 （见教育季刊第一卷第四期） ○

标题索引

P 205.2		小学教育——中国(红字)
11.11 1.04	曹	刍 四年来中国小学教育 （见教育季刊第一卷第四期） ○

西文杂志索引编制法与中文同,兹以 Current History 三十五卷第四期为例,编制论文索引如下:

著者索引

P

058　Peake. C. H.

CH　　The Clash Of arms In Manchuria.

ⅩⅩⅩⅤ-4　(In current History Vol. ⅩⅩⅩⅤ. No,4)

○

篇名索引

P

058　　　Clash of arms In Manchuria.

CH　　Peake. C. H.

ⅩⅩⅩⅤ-4　(In Current History Vol. ⅩⅩⅩⅤ. No.4)

○

标题索引(一)

P

058　　　MANCHURIA.

CH　　Peake,C,H.

ⅩⅩⅩⅤ－4 The Clash Of Arms In Manchuria.

(In Current History Vol. ⅩⅩⅩⅤ,No.4)

○

标题索引(二)

P

058　　　JANPAN－－FoR.－－CHINA

CH　　Peake, C. H.

ⅩⅩⅩⅤ－4　The Clash of arms In Manchuria.

(In Current History Vol. ⅩⅩⅩⅤ. No.4)

○

标题索引(三)

```
P
058        CHINA - - FoR. REL. - - JAPAN.
CH       Peake, C. H,
ХХХ - 4  The Clash of arms In Manchuria.
             (In Current History Vol. ХХХⅤ. No. 4)



                          ◯
```

杂志索引卡片编制后,即依照排字方法混合排列目录箱中,以供读者之检阅。

报纸编目法

规模宏大之图书馆,所藏报纸,每逾百种,欲便检查,可照杂志编目法每种编制报纸目录,排架目录各一张,报纸目录是依报纸名称照排字法排列,供阅者之检阅,书架目录,是以书码排列,备编目者之参考,惟是报纸编入目录,须俟每月汇钉并正式登记之后为之,未汇钉之前,先填登记卡,登记卡应载之事项如下:

1. 书码 报纸之分类,应以地域区分,兹用杜定友图书分类法分类,则广州民国日报之书码为 N/072 - 30/102。N 为 Newspaper 之缩写。072 为中国报纸之分类号码。072 - 30 为广东报纸之分类号码,072 - 30/102 为广州报纸之分类号码,广州之报纸甚多,不能以一号码概括之,故同是一地域之报纸,须将每份报纸之名称第一字之画数附加书码之下,如广州民国日报之书码为 N/072 - 30/102,则广州市民日报之书码为 N/072 - 30/102.15,广州之公评报之书码则为 N/072 - 30/102.05,上海之申报,其书码为 N/272 - 19/201,则上海之新闻报书码为 N/078 - 19/201.13 书码编制后,即用打字机打于报纸卡之左角上。

2.报纸名称码写于第一横线之上。

3.报纸出版日期 每日收到报纸时,即将其出版日期在日期栏内作√符号,停刊之日,则不写该符号,失去某日之报纸则在该日日期栏内用红墨水写×符号,如此登记,则图书馆内某年某日某报纸,馆中不无存在,一览便知,其利便阅者之检阅为何如耶?

4.订购年份 填写卡之背面。

5.订购机关

6.订购起讫日期

7.定价

8.备注 报纸按日保存,依日期之顺序置于报纸格上,每一月或两月之终,如认某份报纸有永久保存之价值者,即宜钉装成册,黏贴书标,依书码排列于书库,以备读者需要时之参考,报纸如已钉装者,即在备注栏内注明"已钉"二字。报纸登记卡之格式如下:

正 面

N/072－30/102									广州民国日报																					
1932	1	2	3	4	5	6	7	8	9	10	11	12	13	14	15	16	17	18	19	20	21	22	23	24	25	26	27	28	29	30	31
一月	√	√	√	√	√	√		√	√	√	√	√	√		√	√	√	√	√		√	√	√	√	√						
二月																															
三月																															
四月																															
五月																															
六月																															
七月																															
八月																															
九月																															
十月																															
十一月																															
十二月																															
26																															

年	购订机关	起				讫				定价	备注
		月	日	卷	期	月	日	卷	期		
21	广州民国日报社	1	1			12	31			$ 12.00	

　　多制同样卡片一张,依号码排列,以免分类编目时,号码冲突。西文报纸登记与中文同,惟书码稍有差别,书码后附加之符号,中文为报纸名称之第一字画数,西文别为报纸名称之每字第一字母组合而成。如海 China Press 则其书码为 N/072 – 19/201/CP。其格式如下:

N/072＿19/201/CP									China Press.																						
1932	1	2	3	4	5	6	7	8	9	10	11	12	13	14	15	16	17	18	19	20	21	22	23	24	25	26	27	28	29	30	31
一月																															
二月																															
三月																															
四月																															
五月																															
六月																															
七月																															
八月																															
九月																															
十月																															
十一月																															
十二月																															
25																															

年	购订机关	起				讫				定价	备注
		月	日	卷	期	月	日	卷	期		
1932	上海大陆报社	1	1			12	1			＄20.00	

报纸目录

N 072－30		广州民国日报　　广州光复中路
102		民 20 年
		一月,二月,三月,四月。
		民 21 年
		一月,二月。
		○

报 纸 排 架 目 录

N 072 – 30		广州民国日报　　广州光复中路
102		民 20 年
		一月, 二月, 三月, 四月。
21		民 21 年
25		一月, 二月。
		◯

西文报纸目录

N 072 – 19 201 CP		China Press.　　Shanghai.
		1932:
		Jan. Feb.
		1933:
		Jan. Feb
		◯

西文报纸排架目录

N		
072 – 19	China Press.	Shanghai.
20		
CP	1932:	
		Jan. Feb.
12	1933:	
19		
		Jan. Feb.

○

报纸目录编制后,即排列于目录箱中,以备检查。

报纸索引法

报纸除供给我们各种关于国事消息社会新闻外,其对于学术参考上占有重要之位置,盖新鲜之史料,科学之发明,有价值之统计,新学说新思潮等等,均先登载于报端。今日之新闻材料,即日后之书籍矣。惟是报纸之纪载,繁琐异常,且无系统,欲使此材料供给读者之利用,则非编制索引不行,报纸内容既如此复杂,选择材料以制索引时,须有相当标准,选择材料之标准,可分为二,一以图书馆注重何种材料为选择标准,二就该项新闻材料本身有无价值而评定去取。

报纸所编之索引,可视该项材料如何酌量编制标题,篇名索引,至著者非社会上赫赫有名之人,或该项材料,著者占重要之地位者,则不必编制著者索引,兹举例如下:

N 072－30		教育状况—中国—东三省（红字）
102 1932.03	葛	毅 卿 三角竞逐中的东省教育事业 （见廿一年三月九日广州民国日报 现 代 青 年 栏 ） 〇

N 072－30	汪	精卫演讲
102 1931.1		救 亡 与 现 代 青 年 的 责 任 （见廿年十月二月广州民国日报第 一 张 ） 〇

N 072－30		满蒙问题（红字）
102 1931.1	汪	精 卫 演 讲 救 亡 与 现 代 青 年 的 责 任 （见廿年十月二日广州民国日报第 一张） 〇

杂志索引法,报纸索引法,原不属编目法范围,惟因杂志与报纸汇钉后,只编制几张目录,不能使读者充分利用此杂志报纸之材料,故略及之。

第六章　编目用品

第一节　参考书

编目时检查著者之姓名,考究其出生之年代,编制标题之参考,考证丛书之著录等等,均非有种种参考书不办,兹将应用之参考书略举如下:

1. 考查著者所用之书

a. 中国人名大辞典　商务版　定价八元

此书收录之人名,数逾四万,起自上古,讫于清末,每人之生平及其著作,均有略述,书后附有异名表,于考查著者真姓名时,异常便利。

b. Allibone's Dictionary of Authors. Anstin Allibone ed. Philadelphia:J. B. Lippincott Co. 出版。全书三册,计收录人名,数逾四万六千,John Fost erKirk 所补编,正编补编合共定价美金三十二元五角。

c. The Encyclapaedia Britannica(大英百科全书)十三版三十二册定价美金一百八十七元,纽约 Encyclopaedia Britannica Inc. 出版,世界上有名之人,可查此书。

d. 博物院图书目录(Britich Museum. Catalogue of Printed Books. London. W. Cloves Co)所印行,是书除专集英国出版书籍

外,英国在外国出版之书籍亦有搜罗。

　　e. 英国图书目录（English Catalogue of Books.）是书创始于一八〇一年,以后继续编纂,以至于今,其附属此目录而作者,有英国图书目录年刊（English Catalogue of Books. Aunual. G ＄ 4.00）伦敦 Low 公司所出版,此目录除集英国出版书籍外,兼搜及美国与加拿大出版目录,附于卷末。

　　f. Who's Who. Black and Macmillan Co. 出版。

　　是书专载英国名人事略,世界最著名之人亦略有记录,每年增修一次,人名之排列,依字母之顺序,颇便检查。

　　g. 巴黎国立图书馆目录（Catalogue ge'ne'ral des livres imprime's de la Bibliotheque nationle.）巴黎国立图书馆编,创始于一八九七年迄今日,每卷定价十二个半佛郎。

　　此目录系搜集法国出版之书籍编制而成,并以著作人为索引。

　　h. 开塞氏现行书籍总目

　　是书辑自一七五〇年至一九一〇年德国及其属地出版书籍之目录,共三十六巨卷,一卷至五卷为 Leipzig. Schumann 公司出版,第九卷至廿四卷为 Leipzig Weigel 公司出版,廿五卷至卅六卷为 Tauchhnitg 公司出版。第一卷至三十四卷,约一百二十五元,第三十五卷至三十六卷定价一百三十马克,此目录以著者之姓名,依字母之顺序而排列。

　　i. 盛利氏半年书目　　盛氏公司出版,每卷售价由五马克至十马克。

　　此目录每半年出版一次,创刊于一七九七年。其排列依英文字母之顺序。

　　j. Who's who in America（美国人名录）美国作家,可查此书。

　　k. United States Catalogue.（美国图书目录）凡美国出版之书,均尽载于此,其内容有著者姓名,别名,伪名,书名,标题,版次,出版处,出版期,册数,页数,价格等。

l. 标准汉译外国人名地名表，余祥森等编，定价一元六角，商务版。

m. 日本人名辞典，芳贺矢一编，东京大仓书店出版，定价三元。

n. 日本人名辞书　东京日本人名辞书刊行会编。

o. 疑年录汇编　张维骧辑，民国十四年张氏小观寂庵刊本。

p. 现代人名录　良友公司

上列各书而外，尚有文艺辞典，哲学辞典，社会问题辞典，以及其他各科辞典，各种年谱传记，均为考查著者姓名国籍暨生卒年代而需用。

2. 查时代所用之书

书籍出版之年月，在目录占有重要位置，但历有中西之分，复有朝代，年号，甲子之别，欲翻译年月，必须参考下列各书。

a. 五十世纪中国历年表　分正表附表两项，正表从神农之年起至民国八十九年止，计五千二百十八年。此书为刘大白所编，商务版，定价三元。

b. 模范最新世界年表，昭和四年东京三省堂版。

c. 中西回史日历，陈垣编，民国十五年陈氏励耘书屋刊本。

d. 二十史朔闰表

3. 查地名所用之书

a. 中外地名辞典　丁詧盦，葛绥成编　民国十九年中华书局出版定价二元五角。

b. 中国古今地名辞典　臧励龢等编　民国二十年五月商务书馆出版。

4.查书时所用之书

关于考查书籍之版本,探讨图书之内容,必须参考下列各书。

a.四库目略 浙江省立图书馆杨立诚编,民国十八年初版,商务代售,定价八元。

是书将四库全书提要钩玄,撷其要旨,更详举每书各种版本,剖晰比较,其有助于编目,非浅鲜也。

b.文澜阁书目索引 杨立诚编 民国十八年八月初版 商务代售 定价二元

此书是将文澜阁所藏之书,依字之画数排列,编成书名索引,举凡书名,著者,卷数,册数等,均有记载。

c.四库全书总目提要 二百卷 清纪昀等奉敕编

此书是将四库全书之书名汇列,每书名之下,将该书之原委,撮举大要,并详著者姓名,世次,爵里。

d.四库全书简明目录 二十卷 清纪昀等奉敕编

因总目提要,卷帙浩繁,检阅不便,乃于提要之外,另编简明目录,只载书名,卷数,注明某朝某人编撰,并略述各书原委。

e.崇文总目十二卷 宋王尧臣等撰

是书以四库分编,所录凡三万六百六十九卷,数千年著作之目,萃集于斯。

f.郡斋读书志四卷 后志二卷 考异一卷 附志二卷 宋晁公武撰,三志均以经史子集分部,各有解题,为藏书家所依据。

g.天禄琳琅书目 前编十卷 后编二十卷。

是书以经史子集为纲,以宋金元明刊版,朝氏为次,其一书而载数本,用遂初堂书目例,详其题跋姓名,收藏,印记。

h.直斋书录解题 二十二卷 宋陈振孙撰

是书原本久佚,四库全书从永乐大典录出,以历代典籍分为五十三类,而不立经史子集之名,然核其次第,实仍以四部为先后。

i. 丛书书目汇编　四册　沈乾一编　民国十七年一月上海医学书局印行。

是书将丛书之书名,编纂者之人名,以及内容子目,均有详细的记载,所录丛书,有三千余种,顾氏之汇刻书目,朱氏之目睹书目,罗氏之续汇刻书目,所未录者,均有著录,即四部丛刊,四部备要,亦有包罗,且书名之排比,以各书名之首一字依笔画之多寡而排列;更有索引一编,殊便检查,甚有助于丛书编目也。

j. 铁琴铜剑楼书目　廿四卷　清瞿镛编　清光绪廿四年常熟瞿氏刊本。

k. 八千卷楼书目　二十卷　丁仁辑　钱塘丁氏聚珍仿宋版本。

1. 邵亭知见传本书目　十六卷　清莫友芝编　民国十二年上海扫叶山房石印本。

是书著录之书,多见于四库简目,间及存目与四库未收者,并于各书名下,详注经过之版本。

m. 国立清华大学图书馆中文书目　一册　民国廿年十月北平国立清华大学图书馆编。

n. 各图书馆目录,如中山大学图书馆目录,中央大学图书馆目录,南开大学图书馆目录,北京大学图书馆目录,京师图书馆书目等。

o. 四库大辞典二册杨家骆编。

p. 丛书书目续编初集。

5. 编制标题时应用之书

我国向无标题表出版,故编制标题时,须参考下列二书:

A. List of Subject Headings, A. L. A. 编 Chicago American Library Publishing Board 出版.

B. Subject Headings of Library of Congress, Mary Wilson Macnoir ed. 一九二八年 U. S. Government Printing office 出版.

6. 排字法参考用书

A. 汉字排列法　杜定友著　上海图书馆协会印行　商务代售　定价二角

B. 四角号码学生字典　王云五编　商务版　定价六角。

C. 德芸字典　陈德芸编　良友公司版。

D. Indexing and Filing. Haddepr E. R. 著 1920 年 New York. The Ronald. Press Company 出版。

E. 汉字形位检字法　杜定友著　上海　中华出版

7. 其他编目参考书

a. 图书目录学　杜定友著　商务版　定价四角

b. 简明编目法　沈祖荣译　武昌文华公书林出版　定价八角

c. 拼音著者号码编制法　钱亚新著　武昌文华公书林出版　定价一元

d. 著者号码编制法　杜定友著　上海图书馆协会印行　商务代售　定价三角

e. 索引和索引法　钱亚新著　商务版　定价五角

f. Practical Handbook of Modern Libary Cataloging. Bishop. W. W. $1.00. Williams and Wilkins.

g. Cataloging Rules. 1922 年 Wilson 出版,定价 $4.00

h. 中华图书馆协会所出版之图书馆学季刊,文华图书科所出版之季刊,对于编目问题,时有讨论,编目者可参阅之。

i. 西文图书编目规则,中文图书编目规则　桂质柏编

第二节　编目用品

我国图书事业,向不发达,故编目用品,多购自国外,订购需时,复不经济,迩来图书馆日渐增加,采用图书馆学方法以管理者亦复不少,于需用图书馆用品甚多,商务印刷所,及中国图书服务社为适应此种需求起见,爰于上海设立图书馆部,专售图书馆用品,价格颇廉,货质尚堪使用。兹将编目用品,分述于下:

(一)目录卡　目录卡有二种:(一)红线卡,中文目录用,(二)白卡,西文目录用,其高度三英寸,宽五英寸,其质量有重量,中量,轻量,之分。重量者甚厚,多占位置,轻量者太薄,不甚耐用,以中量者为最适宜,卡之质地,须坚韧耐用,其大小厚薄亦须一律,方便检阅。购买卡片时,大图书馆最好以万计,小图书馆则以千计,盖平均每书须用卡片四张,一千卡片不过供二百余册书之用,如购买之数量愈多,则其价愈廉,以现在价目计算,每万卡片,约银四十五元,订购商店有下列各处:

1.　Gaylord Bros. Syracuse, New York. U. S. A.

2.　Library Bureau, Boston and New York, U. S. A.

3.　Democratic Printing Co. Madison. Wisconsin. U. S. A.

4. 日本大阪市北区木幡町二一,间宫商店。

5. 上海川公路三十一号图书馆用品社。

6. 上海博物园路　中国图书馆服务社。

7. 上海牛庄路廿四号　商务印刷所。

(二)指引卡(Guide Card)如下图,此卡有三开式,五开式二种,每二十五张目录卡,用指引卡一张,如有目录卡一万张,须购四百张,每百张价约一元四角,每千约银十一元。

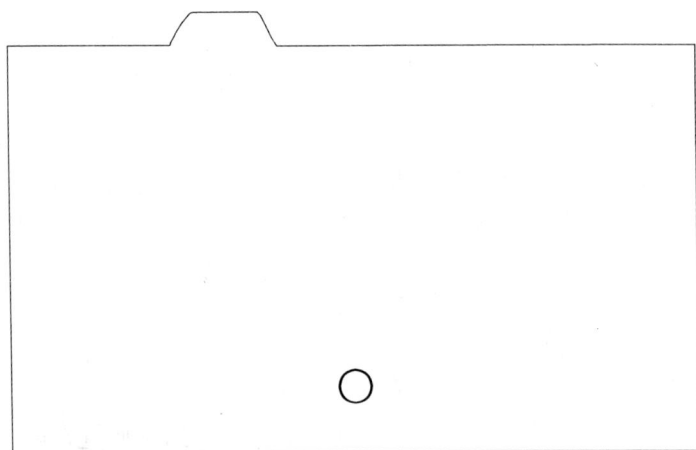

（三）书卡（Book Card.）如下图，每书用卡一张，每百张约银七角，每千约银四元五角。

（四）书袋（Book Pockets）如下图,每书一个,每百个四角五分,每千个四元。

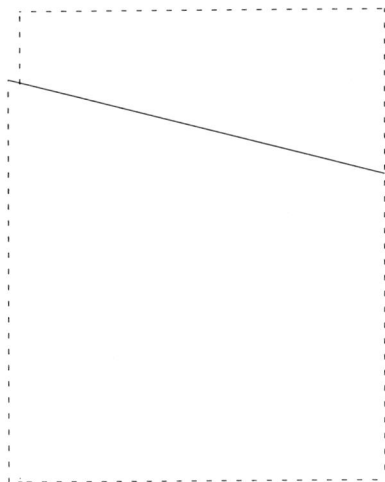

（五）书标（Book Labels）每书一张,每百张约银二角五分,每千张一元五角,式如下图：

（六）杂志卡,每种用卡二张,每百张约银七角,每千张约银四元五角,式如下图：

（月刊;季刊）

广州大学图书馆杂志登记卡														
年	卷数	一月	二月	三月	四月	五月	六月	七月	八月	九月	十月	十一月	十二月	备注

订费　　刊　　元　　　　出版处：

年	卷数	一月	二月	三月	四月	五月	六月	七月	八月	九月	十月	十一月	十二月	备注

订期 ——————　　○　　出版处 ——————

订费 ——————

（七）报纸卡,每种用卡贰张,每百张约银七角,每千张约银四元五角。

（正　　面）

	1	2	3	4	5	6	7	8	9	10	11	12	13	14	15	16	17	18	19	20	21	22	23	24	25	26	27	28	29	30	31
一月																															
二月																															
三月																															
四月																															
五月																															
六月																															
七月																															
八月																															
九月																															
十月																															
十一月																															
十二月																															

26

年	购订机关	起				讫				定价	备　注
		月	日	卷	期	月	日	卷	期		

（八）白墨水（Carter's White ink），如不用书标，则可用此白墨水写书码于书脊上，每瓶约银九角。

（九）黑墨水（Higgins American India Ink），此墨水用以写书码于书标之用，每瓶约银一元。

（十）铅字粒　书码不用手写于书标上，则用图书馆字体之字粒印上，此字可向印字馆购买，价值不昂。

（十二）印字盒（Stamp Pads），印书标用，每个约银一元，可向文房用品店购买。

（十三）蓝墨油　印书标用。

（十四）排字盘　照前章所列之式样，向铁器店定购。

（十五）上等钢刀　此刀为刮字用，Gaylord 公司第 20 号白骨柄刀，最为适宜。白骨柄刀可用以磨平写错字刮去之处。

（十六）目录箱　目录箱大小不一，有一抽屉以至六十抽屉者，抽屉之多少，视卡片之多少而定，每抽屉约藏一千二百张，小规模之图书馆,有一千以上之书籍,可先做六个抽屉之目录箱。另做目录抽屉一个,以作排列书架目录之用,此抽屉木制,铁制均可,图书馆目录全世界大小一律,故目录抽屉之大小亦须一律。兹将每抽屉大小列下:

内阔五寸又四分之一。

内高三寸半。

边高二寸又四分之一。

长十五寸。

目录箱各抽屉中,必须有硬木一块,以支卡片,使之竖立,又须有钢条一根横穿各卡片下之小孔,以免散失。各抽屉不可放卡太满,最好装三分之二,太满则难于检阅也。目录箱之图样如下图。

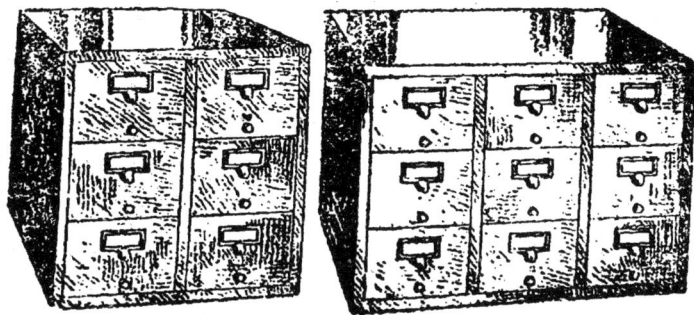

目录箱须放在木架之上,如目录箱有六个至九个抽屉者,则木架之高度约二尺六寸,六个抽屉之柚木目录箱连架约银二十五元,此目录箱可向商务印刷所图书馆部购置,或向各家私店定做亦可。

第七章　中国图书目录史

目录之名,起于尚世,目录之学,肇自西京,子政撰别录于前,子骏成七略于后,班氏艺文,因斯而作,中经新簿,继之以成,孝绪七录,开私人编撰书目之先河,崇文总目,为宋代官藏目录之巨制,迨清之四库提要,更集古今之大成,蔚为巨观,此诚千古文苑之津梁,而为藏书者之鸿宝也,兹就历朝目录变迁之迹,述之如次。

汉代目录

刘歆七略　嬴氏坑焚,经典丧失,汉刘入关,重收图籍,迄于孝武,书缺简脱,于是建藏书之策,置写书之官,天下遗文,稍稍复集。至"成帝时,以书散亡,使谒者陈农求遗书于天下。诏光禄大夫刘向校经传诸子诗赋,步兵校射任宏校兵书,太史令尹咸校术数,侍医李柱国校方技。每一书已,向辄条其编目,撮其指意,录而奏之。会向卒,哀帝复使向子侍中奉车都尉歆卒父业。歆于是总群书,而奏其七略,故有辑略,有六艺略,有诸子略,有诗赋略,有兵书略,有术数略,有方技略。"(汉书艺文志)此书凡三万三千九十卷,"至唐代时,仍存于世,迨及宋代,则已散亡"。清代洪颐煊(经典集林卷十二,十三),马国翰(玉函山房辑佚书史类第八种),姚振宗,顾观光诸家,均有辑本。严可均辑全汉文亦载之(卷卅八及四十一),并录向战国策书录(据宋刊本),筦子书录(据明刊本),晏子叙录(据宋刊本),孙卿书录(据宋刊本)邓析子书录(据明刊本),关尹子书录,子华子书录(此叙及关尹子叙,

192

疑皆宋人依托。今姑录之。于陵子叙，明人作，不录），说苑叙录（据宋刊本），歆上山海经表（宋本藏本）等数篇，兵燹之遗，仅此而已。"（胡朴安，胡道静校雠学）。

汉书艺文志　"光武中兴，笃好文雅，明章继轨，尤重经术，石室兰台，弥以充积。又于东观及仁寿阁集新书，校书郎班固传毅等典掌焉，并依七略而为书部。固又编之而为汉书艺文志。"（汉书艺文志）昔人有言，不通艺文志，不可以读天下书，盖艺文志者，学术之眉目，著述之门户也，且七略逸亡以后，独赖此书以存其典型，所以尤为可贵也。

六朝目录

荀勖四部与王俭七志　魏承汉业，文籍愈广，多藏秘府中外三阁。以时方多故，未遑细绎。只置秘书令丞，及文帝黄初，置中书令，而秘书改令为监。秘书郎郑默考核旧文，删省浮秽，始制中经。然以戎马匆皇，事业未著。俄而晋有天下，乃踪前规而修文事。泰始初，迁著作郎为秘书监。勖与中书令张华依刘向别录整理记籍，遂因中经，更著新簿。分为四部，总括群书。一曰甲部，纪六艺及小学等书。二曰乙部，有古诸子家，近世子家，兵书，兵家，术数。三曰丙部，有史部旧事皇览簿杂书。四曰丁部，有诗赋图赞汲冢书。此书"大凡四部，合二万九千九百四十五卷。但录题及言，盛以缥囊，书用缃素；至于作者之意，无所论辩。惠怀之乱，京华荡覆。渠阁文籍，靡有孑遗。东晋之初，渐更鸠聚。著作郎李充以勖旧簿校之，其见存者，但有三千一十四卷。充遂总没众篇之名，但以甲乙为次。自尔因循，无所变革。其后中朝遗书，稍流江左。宋文帝元嘉八年，秘书监谢灵运造四部目录，大凡六万四千五百八十二卷。废帝元徽元年，秘书王俭，又造目录大凡一万五千七百四卷。俭又别撰七志，一曰经典志，纪六艺，小学，史记，杂传；二曰诸子志，纪今古诸子；三曰文翰志，纪诗赋；四曰军书志，纪兵书；五曰阴阳志,纪阴阳图纬;六曰术艺志,纪方技;七曰图谱志,纪地域,及图书。其道佛附见,合九条。然亦不述作者之意,但于书名之下,每立一传,而又作九篇条例,编乎首卷之中,文义浅近,未为典则。齐武帝永明中,秘书丞王亮,监谢朏又造四部书目,大凡一万八千一十卷。齐末,兵火延烧。秘阁经籍遗散。梁初秘书监任昉躬加部集,又于文德殿内,列藏众书,华林园中,总集释典,大凡二万三千一百六卷,而释氏不豫焉。梁有秘书监任昉殷均四部目录,又文德殿目录。其术数之书,更为一部,使奉朝清祖暅撰其名,故梁有五部目录。"(隋书经籍志)

阮孝绪七录 "继王俭七志而起者,则有梁普通中,阮孝绪七录,阮处士沉静寡欲,笃好坟史,博采宋齐已来王公之家,凡有书记参校官簿,更为七录。一曰经典录,纪六艺;二曰记传录,纪史传;三曰子兵录,纪子,兵书,四曰文集录,纪诗赋;五曰技术录,纪数术,六曰佛录,七曰道录。其分部题目,颇有次序,割析文义,浅薄不经。"(隋书经籍志)

六朝所编目录,今已散亡迨尽,只阮氏七录序见钞于广弘明集卷三耳,七录之分门创义,颇有损益前规,如史传一部之定为专部,文集之有定称。子目之分析,图谱之散归本录,其影响于后世目录者大矣。

隋唐目录

许善心七林 隋文帝开皇三年三月丁巳,诏购遗书于天下。十七年许善心秘书丞,于时秘藏图书,尚多淆乱,善心仿孝绪七录更制七林。各为总序,冠于篇首。又于部录之下,如作者之意,区分其类例焉。观此,则七林之作,非仅笔记书名而已也。

隋书经籍志 唐长孙无忌等奉敕撰隋书缀辑艺文,更名经籍,所云远览马史班书,近观王阮志录,约文绪义,凡五十五篇,各列小序于本修之下,而首经次史然,后继之以子,终之以集,条理森焉,义既精密,而经籍之名,方诸艺文,弥称体要,盖自有书契以来,依类参稽展卷了如,迈汉志多矣。

古今书录与四库书目　开元七年七月,敕令丽正殿写四库书,各于本库,每部别为目录,有与四库书名不类者,依刘歆七略,排为七志。九年十月,殷践猷,王惬,韦述余钦,毋煚,刘彦直等重修,成群书四部录二百卷。右散骑常侍元行冲奏上之,自后,毋煚又略为四十卷,名为古今书录。天宝三载,更造四库书目。

宋代目录

崇文总目　宋初有书万余卷。其后削平诸国,收其图籍。及下诏遣使购求散亡,三馆之书,稍复增益。太宗始于左升龙门北建崇文院,而徙三馆之书以实之。又分三馆书万余卷,别为书库,目曰秘阁,已而王宫火延及崇文秘阁,书多煨烬。其仅存者,迁于右掖门外,谓之崇文外院。命重写书籍,送官详覆校勘。仁宗既新作崇文院,命翰林学士张观等编四库书,仿开元四部录为崇文总目,书凡三万六百六十九卷。神宗改官制,遂废馆职,以崇文院为秘书省秘阁,经籍图书,以秘书郎主之,编辑校定,正其脱误,则主于校书郎。徽宗时更崇文总目之号为秘书总目。诏求士民藏书,其有所秘未见之书,足备观采者,仍命以官。且以三馆书多逸遗,命建局以补全校正为名,设官总理,摹工缮写一置宣和殿,一置太清楼,一置秘阁,自熙宁以来,搜访补辑,至是为盛矣。迨夫靖康之难,而宣和馆阁之储,荡然靡遗。高宗移跸临安,乃建秘书省于国史院之右,搜访遗缺,屡优贡献之偿,于是四方之藏,稍稍复出,而馆阁编辑,日以富矣。当时类次书目,得四万四千四百八十六卷。至宁宗时,续书目,又得一万四千九百四十三卷,视崇文总目有加焉。(宋史艺文志)

元代目录

元起朔漠，未遑文事，太宗八年始用耶律楚材言，立经籍所于平阳，编集经史，及大兵南下，直括宋秘书省禁书图籍，复将各院图籍，由海道舟运至大都，以后复搜访遗书，开献书之路，于是秘书所藏，彬彬可观矣。然至正儒臣所撰秘书监志，仅纪先后送库若干部，若干册，而不列书名，明初修史，又不列艺文之科，遂使石渠东观所储，漫无稽考，至清钱大昕始取当时文士撰述，录其部目，以补前史之阙，而辽金作者，亦附见焉。

明代目录

明太祖定元都，大将军收图籍致之南京，复诏求四方遗书，设秘书监丞，寻改翰林典籍以掌之，永乐四年，帝御便殿阅书史，问文渊阁藏书，解缙对以尚多阙略，帝曰：士庶家稍有余资，尚欲积书，况朝廷乎，遂命礼部尚书郑赐遣使访购，惟其所欲与之，勿与较值。北京既建，诏修撰陈循取文渊阁书一部至百部，各择其一，得百柜运到北京。宣宗尝临视文渊阁，亲披阁经史，与少傅杨士奇等讨论，因赐士奇等诗，是时秘阁贮书，约二万余部，近百万卷，正统间，士奇等言文渊阁所贮书籍，有祖宗御制文集，及古今经史子集之书，向贮左顺门北廊，今移于文渊阁，臣等逐一点勘，编成书目。迨万历中，修撰焦竑修国史，辑经籍志，号称详博，惟明史艺文志谓其延阁广内之藏，竑亦无从遍览，则前代陈篇，何凭记录，区区掇拾遗文，冀以上承隋志，而赝书错落，徒滋舛讹。补三史艺文志则谓其窃取郑樵通志之例，仍依隋书名以经籍上下数千年，繁芜充栋，类聚群分，灿然明备，厥功伟矣，独惜其于辽金元三朝之书，缺略为多，统览今古，于兹未备，不无遗憾焉。

清代目录

四库全书总目　清乾隆卅七年,开四库全书馆,征求天下书籍,十余年而成,统计三万六千余册,分钞七份,建七阁以贮文。此书编成时,乾隆命馆臣纪昀撰总目二百卷,以经史子集四部为纲,更分类属,又分著录存目二项,著录之书,悉有钞本,存于阁内,存目之书,则为四库所不收,每书撮举大凡,撰为提要,乾隆三十九年七月,又以提要卷帙浩繁,将来钞刻成书,翻阅已颇不易,令于提要之外,别刊简明目录一篇,只载某书若干卷,注某朝某人撰,则篇目不繁,而检查较易,庶学者由书目而寻提要,由提要而得全书,不难振纲絜领,考订源流矣。且也提要之中,对于某书常有精当之批评,俾学者知其书瑕瑜之所在,尤为不可多得之贡献,虽此种提要批评,主观意见未免太深,故常有不得其当之处,然大体上,可谓难得矣。

现代目录

吾国目录之学,始于汉代,极盛于六朝,唐代以后,一仍四部,祖述前规,迄清四库,蔚为大观。迨及民国,以前之藏书楼,一变而为公共使用之图书馆,同时西洋文化输入中华,科学新书,汗牛充栋,原有之分类编目方法,已不适用于此时,杜定友刘国钧洪有丰沈祖荣诸先生,乃仿西洋分类编目方法,参考吾国原有之目录学,厘定新法,复将分类编目析而为二,不若以前之混为一谈。兹者著录之作,纷然并起,然其编目之法也,以便利阅者检寻为依归,与以前目录之徒事部次甲乙,纪纲群籍,辨章学术,考镜源流者迥异其趋矣。